選手

JAMES MADDISON

COVENTRY CITY 2004-2016
NORWICH CITY 2016-2018
ABERDEEN 2016-2017
LEICESTER CITY 2018-2023
TOTTENHAM HOTSPUR 2023-

미친 자신감이 빚어낸

정확히는 성이지만, 이름부터 심상치가 않다. 멀고 먼 옛 선조들이 의도하고 지었는지는 모르겠지만, 성명에 'Mad(미친)'가 들어간다. 이름 참 잘 지었다. 인생을 닮은 운명적인 이름, 제임스 매디슨(James Maddison)이다. 매디슨이라는 선수를 표현하는 데 있어서 '매드'보다 잘 어울리는 단어는 없다. 왜? 미친 활약, 미친 기술, 미친 오른발, 미친 성장, 미친 영웅, 그리고 무엇보다 미친 자신감이 지금의 매디슨을 있게 만들었다.

영국에서 멸종위기종인 10번 미드필더

매디슨은 항상 자신감에 미쳐 있었다. 자신이 최고였고, 자신의 기술이 최고였으며, 자신이 뛰는 팀이 최고였다. 자신감과 자만심의 경계선, 그 어딘가에 자리를 잡았다. 아슬아슬했지만 절대 선은 넘지 않았다. 극도로 자신감이 넘치지만 오만하지는 않은 자신감이라 할 수 있다.

키가 작은 말라깽이 꼬마. 그럼에도 그는 주눅들지 않았다. 오히려 크고 강한 상대들과 맞서는 것을 즐겼다. 신체적으로 더 우위에 있는 형, 선배들과 싸워 이겨야만 미소를 짓는 아이, 자신이 경기를 지배해야만 잠을 잘 수 있었던 아이, 언제나 팀의 중심이어야 했고, 모두가 중심으로 인정하게 만든 아이. 그는 무력무력 성장했고, 잉글랜드 프리미어리그 최고의 선수까지 달려왔다. 그는 자신의 이런 미친 자신감은 어머니 우나 매디슨으로부터 물려받은 유산이라고 말한다.

나는 항상 축구를 사랑했고, 항상 더 높이 올라갈 수 있다는 자신감이 있었다. 이런 자신감은 절대 변하지 않을 것이다. 어머니가 말씀하셨다. '내가 자신감을 가지고 더 잘해야, 가고 싶은 곳까지 갈 수 있다'고. 이것이 내 자신감의 원천이다. 나는 상대를 믿지 않는다. 나 자신을 믿는다. 처음부터 내 능력과 재능을 믿었다. 자신감과 오만함에는 분명한 경계선이 있다. 나는 균형을 잡을 수 있다. 내가 오만했다면 어머니가 가만두지 않았을 것이다. 어머니는 내가 오만하게 굴면 귀를 찢어버리겠다고 했다.

많은 한국 축구 팬들은 프리미어리그 2023-24시즌부터 매디슨에 많은 관심을 가졌을 것으로 본다. 한국의 영웅 손흥민의 소속팀인 토트넘훗스퍼로 이적해, 손흥민의 공격 파트너로 맹활약을 펼쳤기 때문이다. 그는 토트넘에서 '10번'을 등 뒤에 단 유니폼을 입는다. 해리 케인의 백넘버를 넘겨받았다. 집중하지 않을 수 없는 선수다.

한국에서는 늦깎이 스타일지 모르겠지만, 영국에서는 축구를 시작할 때부터 지금까지, 언제나 주목을 받은 스타였다. 커리어도 특별함 그 자체다. 3부리그(리그원) 코벤트리시티에서 시작해 2부리그(챔피언십) 노리치시티로 이적했고, 1부리그(프리미어리그) 레스터시티로 상승한 뒤 빅6 중 한 팀인 토트넘까지 입성했다.

하위리그에서 최고의 선수로 인정을 받은 후 상위리그로 차근차근 단계를 밟은 선수. 자신이 뛴 모든 팀에서 에이스로 등극했고, 자신이 뛴 팀 팬들의 가장 많은 사랑을 받은 선수이기도 했다. 계속 위로 올라가면서 꾸준히 성장했다. 소속팀의 수준, 개인의 수준을 계속 높이며 여기까지 왔다. 3부리그에서 1부리그까지 순항할 수 있었던 이유는, 앞서

언급했던 미친 선수였기 때문이다. 그리고 그 미침 속에 잘 보이지 않았던 겸손과 배움의 자세도 있을 것이다. 매디슨의 에이전트인 리 로빈슨은 이렇게 평가했다.

매디슨은 주변이 좋으면 더 발전하는 선수다. 주변에 더 뛰어난 사람이 있으면 매디슨은 더 뛰어난 선수가 됐다. 매디슨은 자신의 능력에 큰 자신감이 있지만, 경기에서 요구되는 것을 존중한다. 더 나은 선수들에게 배우겠다는 의지가 강하다. 매디슨의 가장 놀라운 점은 소속팀 수준에 따라 매디슨의 수준 역시 계속해서 높아진다는 점이다.

매디슨 스스로는 자신의 커리어를 이렇게 돌아봤다.

내가 리그원에 있었던 17세, 당시 나는 규칙적으로 경기를 하고 있었다. 하지만 모든 사람의 길은 다르다. 그때 내가 가야 할 길을 정했다. 세상을 위해, 남들의 시선을 위해 바꾸지 않았다. 나는 어렸지만 내 머리는 어리지 않았다. 내 머리는 베테랑이었고, 4개의 다른 리그에서 많은 경험을 했다. 내가 내린 모든 결정은 올바른 결정이었다. 내가 할 수 있는 최고의 선수로 가는 길, 결국 나의 선택이다.

성인이 돼서도 175cm의 키, 73kg의 몸무게. 외형적으로 특별한 것이 없었다. 작고, 가벼웠지만 매디슨은 항상 경기에 가장 크고 무거운 영향을 미쳤다. 미친 기술을 가지고 있었기에 가능한 일이었다. 외형적인 단점을 기술로 완벽히 커버해버렸다. 그리고 진화를 멈추지 않았다. 자신이 가진 스타일의 한계를 넘어 빠르게 변화하는 현대 축구의 흐름에 맞춰 아니 그 이상으로 한 발 두 발 더 나갔다. 단연 PL에서 가장 기술이 뛰어난 선수 중 한 명으로 평가를 받고 있다. 잉글랜드에서는 좀처럼 볼 수 없는 공격형 미드필더. 드리블, 패스, 밸런스, 슈팅, 크로스, 시야, 센스, 배급, 득점력, 킥력, 볼 키핑, 민첩성, 역동성, 활동량까지 모든 것을 갖춘 플레이메이커. '데드볼 스페셜리스트'로도 영국 최상위권이다. 대체로 발밑이 투박하다는 영국 미드필더의 편견을 깬 선수. 매디슨의 퍼포먼스는 잉글랜드가 아니라 남미, 스페인을 떠오르게 만든다. 그만큼 유니크했고, 그만큼 가치가 컸다. 진귀한 영국의 보물. 때문에 잉글랜드가 여전히 아끼고, 사랑하고, 또 보호하는 미드필더다. 리버풀의 전설 제이미 캐러거는 매디슨을 이렇게 한마디로 정의했다.

영국에서 멸종위기종인 10번 미드필더.

CONTENTS

In Coventry City

In Norwich City & Aberdeen

In Leicester City

In Tottenham Hotspur

In England

DECISIVE

2014. 8. 13 프로 데뷔전

2013-14시즌 1군에 올라섰지만, 단 한 경기도 뛰지 못했던 매디슨에게 2014-15시즌 첫 기회가 찾아왔다. 매디슨은 카디프시티와 캐피털원컵 1라운드에서 후반 23분 교체 투입됐다. 코벤트리시티는 1-2로 졌다.

2014. 10. 21 프로 첫 골

꾸준히 기회를 받던 매디슨은 올덤애슬레틱과의 경기에서 생애 첫 리그 선발 출전 경기를 치렀다. 이 경기에서 프로 첫 골을 넣었다. 역시나 매디슨의 첫 골은 프리킥 골이었다. 팀은 1-4로 대패했지만, 그의 프리킥 득점은 역사에 남았다.

2014. 11. 24 프로 첫 계약

매디슨의 미래를 확신한 코벤트리시티는 정식 프로 계약을 제안했고, 매디슨은 2018년 6월까지, 3년 6개월의 장기 계약에 사인했다.

2016. 1. 31 2부리그 입성

3부리그 코벤트리시티에서 2부리그 노리치시티로 이적했다. 노리치와 새로운 계약을 체결했고, 3년 6개월 기간의 계약서에 도장을 찍었다. 이적료는 300만 파운드(52억원)였다.

2016. 8. 31 애버딘 임대

노리치시티는 2016-17시즌을 앞두고 매디슨의 임대를 전격 결정했다. 매디슨은 2017년 1월 1일까지 스코틀랜드 애버딘으로 단기 임대됐다.

2016. 9. 22 스코틀랜드에 각인

스코티시 프리미어리그에 그의 존재감이 각인됐다. 스코틀랜드 최강 레인저스를 상대로 1-1로 비기던 후반 45분 환상적인 오른발 프리킥 골을 작렬시켜 애버딘의 2-1 승리를 이끌었다. 매디슨 역대 최고의 골 중 하나.

2017. 4. 17 노리치시티 데뷔전

프레스턴전에서 챔피언십 데뷔전을 치른 매디슨은 이날 데뷔골까지 터뜨렸다. 노리치시티의 3-1 승리에 일조했으며, 노리치에서의 센세이션을 예고하는 골이었다.

2018. 5 챔피언십 맹활약

2017-18시즌 챔피언십에서 15골 11도움을 올린 놀라운 활약으로 상복이 터졌다. 노리치시티 올해의 선수에 선정되었고, 챔피언십 영플레이어상을 수상한 데 이어, PFA 올해의 팀까지 선정했다. 이 시즌을 기점으로 그는 영국 축구계가 주목하는 선수가 됐다.

2018. 6. 20 프리미어리그 입성

챔피언십 최고의 선수가 되면, 다음 수순은? 물론 프리미어리그 입성이다. 매디슨은 1부리그 레스터시티와 5년 계약에 서명했다. 이적료는 무려 2,250만 파운드(395억원)에 달했다. 코벤트리에서 노리치로 이적했을 당시의 몸값보다 7배 이상 높았다.

2018. 8. 10 PL 데뷔전

2018-19시즌 PL 1라운드 맨체스터유나이티드와의 경기에서 매디슨은 선발 출전하며 감격의 1부리그 데뷔전을 가졌다. 매디슨은 63분을 소화했고, 소속팀 레스터시티는 1-2로 패배했다.

2018. 8. 19 PL 데뷔골

매디슨의 프리미어리그 데뷔골은 그리 오랜 시간이 걸리지 않았다. 2018-19시즌 2라운드 울버햄튼을 상대로 매디슨은 전반 45분 승부에 쐐기를 박는 두 번째 골을 성공시켰고, 팀의 2-0 승리에 공헌했다. 매디슨의 PL 첫 득점이자, 첫 승리였고, 처음으로 경기 최우수선수(MOM)에 선정됐다.

2019. 11. 14 국가대표 데뷔

23세의 나이로 잉글랜드 대표팀에 첫 선발된 그는 곧 A매치 데뷔전을 치렀다. 유로 2020 예선 7차전 몬테네그로와 경기에서 매디슨은 후반 11분 알렉스 옥슬레이드 체임벌린을 대신해 그라운드를 밟았다. 잉글랜드는 7-0 대승을 거뒀다.

2021. 5. 15 커리어 첫 우승

매디슨이 커리어 첫 우승을 차지했다. 2020-21시즌 FA컵 결승에서 레스터시티는 첼시를 1-0으로 꺾고 우승을 차지했다. 레스터시티 역사상 첫 FA컵 우승. 매디슨은 후반 22분 교체 투입되어 힘을 보탰다.

2021. 8. 7 커리어 두 번째 우승

매디슨이 우승 트로피를 한 개 더 추가했다. PL 챔피언 맨체스터시티와 FA컵 챔피언 레스터시티가 격돌한 커뮤니티실드에서 레스터시티가 1-0으로 승리하며 우승을 차지했다. 매디슨은 선발 출전해 활약했다.

2022. 5 레스터시티 올해의 선수

매디슨은 2021-22시즌 무려 53경기에 출전해 18골 12도움이라는 미친 공격 포인트 생산력을 보이며 커리어 하이를 찍었다. 18골은 해당 시즌 레스터시티 팀 내 최다 득점이었고, 최전방 공격수 제이미 바디의 17골을 넘어선 기록이었다.

2022. 11. 9 월드컵 대표팀 선발

레스터시티에서의 맹활약을 발판으로 매디슨은 2022 카타르 월드컵 잉글랜드 대표팀 최종 엔트리에 이름을 올렸다. 가레스 사우스게이트 잉글랜드 대표팀 감독의 깜짝 발탁이었다. 하지만 월드컵에서는 단 한 경기도 그라운드를 밟지 못해 아쉬움을 삼켰다.

2023. 6. 28 토트넘 홋스퍼 이적

매디슨은 흔히 PL 빅6 클럽으로 불리는 토트넘과 계약을 체결했다. 2028년까지 5년 장기 계약. 이적료는 4,000만 파운드(702억원)였다. 이는 그가 코벤트리에서 노리치로 이적했을 때의 몸값과 비교하면 13~14배에 달하는 엄청난 거액이다.

2024. 3. 26 A매치 첫 공격 포인트

벨기에와 대결한 친선경기에서 매디슨은 후반 29분 교체 투입됐고, 1-2로 뒤지던 후반 추가시간 감각적인 아웃프런트 패스를 찔러 넣었다. 킬패스를 받은 주드 벨링엄이 동점골을 성공시켰다. 경기는 극적인 2-2 무승부로 종료됐고, 팀을 패배에서 구한 그의 어시스트가 자신의 첫 A매치 공격 포인트가 됐다.

MOMENTS

In Coventry City

2004-2016 YOUTH TEAM 2004-2013
FIRST TEAM 2013-2016

공을 많이 소유하고 드리블하며,
상대 선수들을 끌고 다니는 것을 좋아한다.
이렇게 하면 반칙을 유도하고 프리킥을 얻을 수 있다.
이것이 내가 그라운드에서 연주하는 방식이다.

01

자신감과 오만함의 경계선에 아슬아슬하게 걸친 아이

농구 만화 〈슬램덩크〉에서 에이스 서태웅이 북산고등학교를 선택한
이유를 알고 있는가? 단순 명료한 이유, 단지 집에서 가까워서였다.
제임스 매디슨도 그랬다. 그는 잉글랜드 웨스트미들랜즈주에 있는
코벤트리에서 태어났고, 축구를 좋아했다. 그런데 마침 집과 가장
가까운 곳에 축구팀이 있었다. 매디슨은 코벤트리시티 아카데미의
홈구장인 앨런 힉스 센터 근처에 살았다. 그는 축구팀 선택에 있어
망설일 것이 없었다. 가장 가까운 곳으로 결정했다.
2023-24시즌 코벤트리시티는 뜨거웠다. FA컵에서 돌풍의 팀이었다.
2부리그 소속임에도 8강에서 1부리그 울버햄튼을 박살 냈고,
4강에서 맨체스터유나이티드를 혼쭐냈다. 비록 결승 진출에는
실패했지만 2023-24시즌 FA컵 최고 스타는 코벤트리시티였다. 이런
코벤트리시티 역사상 최고의 선수로 꼽히는 이가 바로 매디슨이다.
그가 코벤트리시티 유스팀에 입단한 건 2004년 3월, 7세 때였다. 이미
동네에서 축구를 잘하기로 유명한 소년이었던 그를 코벤트리시티가
가만 놔둘 리 없었다. 매디슨은 당당히 스카우트됐고, 이곳에서 무려
10년 동안 활약하며 무럭무럭 자랐다. 매디슨은 이렇게 기억했다.

> 아버지는 내가 걷자마자 공을 찼다고 말했다. 나는 어릴 때 항상
> 뒷마당과 거실에서 축구를 했다. 나는 그저 축구가 너무 좋았다.
> 아버지는 내가 항상 축구를 하거나, TV로 축구를 보거나, 둘 중의
> 하나를 하고 있었다고 말했다. 나는 축구라는 환경에서 자연스럽게
> 자랐다. 어느 날 축구 경기를 하고 있는데 코벤트리시티에서
> 스카우트를 파견했다. 그들은 나를 원했다. 나는 고향 팀 유소년팀에
> 입단했고, 그렇게 축구 커리어가 시작됐다.

매디슨의 커리어를 짚어보기 전, 꼭 봐야 할 영상이 있다. 10분짜리
동영상. 지금도 유튜브에서 볼 수 있다. 매디슨의 7세부터 17세까지의
성장 과정을 압축해서 담은 영상이다. 즉 매디슨이 코벤트리시티
유스팀에서 보낸 10년을 10분으로 축약해 담은 것이다. 매디슨의

아버지 게리 매디슨이 심혈을 기울여 직접 만든
작품이었다. 작품 이름은 '발전 10년'
작은 꼬마가 묘기를 부린다. 공을 빠르게 빼앗아
드리블하고, 슈팅으로 마무리. 소년의 몸은 점점
커진다. 더욱 빠르고, 예리한 드리블과 킥을
선보인다. 어느새 꼬마는 프로 레벨에 오른 17세
축구 선수가 돼 있다.

이 영상의 흥미로운 통찰력은 아버지로부터
나왔다. 아버지는 컴퓨터에 능하고, 그래픽
디자이너였다. 나의 특징, 장점들을 골라서
편집했다. 나는 꽤 좋은 영상이라고 생각한다.
당신이 보고 싶지 않을 수도 있고, 어리석은 짓을
했다고 욕할 수도 있다. 하지만 나는 그 영상을
좋아하고, 아버지와 영상을 만들 때도 행복했다.

코벤트리시티 유스팀에 합류한 매디슨은 시작부터
공격형 미드필더였다. 그때부터 지금까지 같은
포지션이다. 천방지축 축구 천재였던 매디슨은
이곳에서 기본을 배웠다.

코벤트리시티 아카데미는 훌륭한 코치들이
많았다. 그들에게 감사한 마음을 가지고 있다.
월요일, 수요일, 금요일 밤에 진행된 훈련 세션은
대규모였다. 코치들은 이런 체계적인 훈련을
제공했고, 우리가 축구를 더 잘할 수 있도록
만들어줬다. 또 성인팀의 1군 선배들이 와서 함께
훈련을 하기도 했다. 그들을 보면서 더 열심히
했고, 나는 1군에 올라갈 상상을 했다.

7살 꼬마는 자신감이 미쳤다. 자신감과 오만함의
경계선에 아슬아슬하게 걸쳐 있는 듯한, 한마디로
미친 자신감이었다. 체구는 작았지만 절대
주눅들지 않았다. 그의 머릿속에는 슈퍼스타
크리스티아누 호날두가 있었다. 호날두는 매디슨의
우상이었고, 그에게 흠뻑 빠져 있던 매디슨은
언제나 호날두와 같은 플레이를 하려고 노력했다.

내 우상은 호날두다. 항상 그를 존경했다. 공을
많이 소유하고 드리블하며 상대 선수들을 끌고

다니는 것을 좋아한다. 덩치가 큰 수비수들도 거뜬했다. 이렇게 하면 반칙을 많이 당했고, 프리킥을 얻을 수 있었다. 이것이 내가 그라운드에서 연주하는 방식이다. 나는 나 자신을 이렇게 표현했다. 일부 사람들은 이것을 건방지다거나 오만하다고 생각하는데, 상관없다. 이는 내가 가진 능력에 대한 자신감이다. 자만이 아니다. 나 자신을 믿는 것이다. 이것이 나다.

작은 몸으로 호날두처럼 그라운드를 휘저었던 아이. 인상적이었고, 위력적이었다. 오만, 거만이 아니라 진짜 실력이었다. 코벤트리시티 유스팀 리차드 스티븐스 감독은 이렇게 기억했다.

매디슨은 그 나이 때 가장 작은 선수였다. 신체적으로 단점이 있는 선수였다. 하지만 매디슨은 극도의 자신감을 가지고 있었다. 건방짐은 아니었다. 매디슨은 달라야 했고, 다른 기술을 발전시켜야 했다. 이것을 매디슨은 해냈다. 작은 체구에도 그의 기술적인 능력은 대단했다. 공을 잡는 순간 그의 능력을 알 수 있다. 발에 공이 붙어 있는 것을 보면 믿을 수 없었다. 화려했다. 매우 재능 있고, 의욕적이었다. 영리해서 다른 사람이 보지 못하는 것을 보는 시야도 가지고 있다. 공을 다루고, 공격 기회를 만들고, 수비를 벗어나는 능력은 탁월했다. 좁은 지역에서 플레이하는 것은 내가 본 선수 중 최고였다. 축구를 좋아했던 소년이었고, 그 외에는 아무것도 중요하지 않았다. 항상 최고의 선수가 되기를 원했던 소년이었다. 매디슨 정말 우리 팀의 보석이었다. 가장 빛나는 별이었다. 함께 지낸 9년 동안 단 1분도 문제가 되지 않았다. 내가 아니라, 그 누구라도 매디슨을 발견했을 것이다.

이런 매디슨은 빠르게 진화했고, 코벤트리 유스팀의 중심이 됐으며, 16세가 되던 어느 날 스티븐 프레슬리 코벤트리시티 1군 감독의 눈에 띄게 됐다.

02

100만 명 중의
1명이 될 수 있는 재능

스티븐 프레슬리 감독의 부름으로 매디슨은 드디어 1군
무대에 입성하게 된다. 프레슬리 감독은 매디슨을 1군 훈련에
불렀고, 잠시 부른 것이 아니라 1군에 머물게 했다. 2013-
14시즌을 앞두고 16세의 매디슨이 1군 선수로 올라선 것이다.
하지만 1군 무대의 벽은 높았다. 자신감 하나로 뚫을 수 있는
무대가 아니었다. 매디슨은 2013-14시즌 1군 엔트리에
포함됐지만, 단 1경기도 뛰지 못했다. 선발 출장은 물론 교체
출전도 하지 못했다. 자신감 하나로 살아왔던 소년의 커리어
첫 번째 '시련'이었다. 하지만 여기에서 포기할 매디슨이
아니었다. 중요한 건 이런 상황에서도 자신감을 잃지 않았다는
것. 좌절하지 않았고, 오히려 더 많은 연습, 연습, 연습으로
벤치 시절을 자신의 성장 시간으로 알차게 보냈다. 눈앞의
목표도 정했다. 우선 자신의 또래가 아닌 18세 형들을 먼저
이겨보는 것. 목표를 정했으니 이제 연습뿐이다.

**16세였던 나는 항상 벤치에 있었다. 나는 단지 소년에
불과했다. 1군 리그는 내가 접근할 수 없는 대회였다.
프레슬리 감독이 아직 내가 충분하다고 생각하지 않았던
것이다. 그렇지만 프레슬리 감독에게 고맙다. 감독이 나를
벤치에라도 앉을 수 있는 기회를 준 것이다. 나는 이 시절에
많은 것을 배웠다. 벤치에서도 많은 것을 배울 수 있었다.**

부족했던 피지컬을 극복하기 위해서는 기술을 발전시키는
것 말고는 다른 해결책이 없었다. 프레슬리 감독은 항상 같은
질문을 받았다고 한다. 저기 다른 사람보다 머리가 하나
작은 아이는 누구냐고. 매디슨도 자신의 단점을 너무나 잘
알고 있었고, 고민이 컸다. 이런 상황에서 프레슬리 감독은
매디슨에게 이렇게 말했다. 명언이다. 어린 선수가 감동을
받고 자신감을 얻지 않을 수 없을 정도의 명언.

**매디슨. 너와 같은 체격으로 성공한 축구 선수는 100만 명 중
1명이다. 네가 바로 100만 명 중의 1명이 될 것이다.**

이때 프리킥 연습도 정말 많이 했다. 자신의 강점을 키우기
위해서였다. 피지컬의 한계를 넘기 위한 또 하나의 무기를 만든
셈이다. '데드볼 스페셜리스트' 역사의 시작이었다. 당시 코벤트리시티
소속으로 매디슨과 함께 프리킥 연습을 했던 조디 존스의 기억은
이랬다.

매디슨의 프리킥은 우연이 아니다. 코벤트리시티에서부터 시작됐다.
매디슨은 완벽하게 차기 위해 훈련장에서 셀 수 없는 시간을 보냈다.
우리는 항상 연습했고, 영상을 찍었다. 훈련이 너무 길어지자, 감독이
빨리 가라고 한 적도 한두 번이 아니다. 매디슨은 환상적인 선수였다.
어디를 가든지, 항상 자신감이 있었던 친구였다. 자신의 능력을
정말, 정말로 믿는 사람이다. 어떤 사람들은 그것을 오만으로 여길지
모르지만, 나는 그를 잘 알고 있기에 확실히 말할 수 있다. 오만이
아니라 자신을 강하게 믿는 것이다.

경기에 나서지는 못했지만, 매디슨이 이렇게 열심히 훈련하고,
준비하고 있는 것을 프레슬리 감독은 당연히 알고 있었다. 그리고
매디슨의 성장을 믿고 있었다. 경기에 뛸 날이 빨리 다가오고 있음을
느끼고 있었다. 매디슨도, 프레슬리 감독도.

1군에 처음 합류했을 때가 16살이었다. 처음 보고 알았다. 나는
매디슨이 스타가 될 것을 확신했다. 이에 대해 의심을 한 적은 한
번도 없다. 항상 자신감이 넘쳤고, 자신의 능력에 확신이 있었고, 매우
의욕적이었다. 탁월한 기술을 가진 아이였다. 위대해질 운명이었다.

프레슬리 감독은 매디슨의 인성 교육에도 공을 들였다. 자신감이
어긋나지 않게 잡아 주는 역할이었다. 매일 해야 할 규칙을 만들었고,
넘지 말아야 할 기준을 제시했다. 매디슨이 이를 어기거나, 팀에
반하는 행동을 할 때면 혼내지 않고 대신 감독의 자동차 세차를
시켰다. 매디슨이 한 손에 양동이를 들고, 다른 한 손에 스펀지를 들고
있으면 감독으로부터 벌을 받는 날인 셈이었다.

매디슨의 자신감이 오만해지지 않기 위해 잡아주는 것도 필요했다.
잘못할 때마다 세차를 시켰다. 언제부턴가 훈련장에서 가장 마지막에
나오는 선수가 매디슨이었다. 옷을 갈아입는 데 시간이 오래 걸린
것이 아니다. 훈련 장비를 마지막까지 정리하고 나왔기 때문이다.
매디슨이 이 클럽에서 정말 뛰고 싶다는 진심을 느낄 수 있었다.

세차도 매디슨에게는 교훈이었다. 매디슨은 세차를 하면서 축구를
더욱 잘 알게 됐다고 털어놨다. 세차에서도 축구를 배운 것이다. 벤치

감독이 매일 지켜야 하는 기준을 줬다. 나에게는 매우 유익한 학습 곡선이었다.

이것을 지키지 못했을 때 나는 거의 한 시간 반 동안 감독의 자동차 세차를 해야 했다.

감독은 이따금 내려와 중간 점검을 했다. '보닛 위가 충분히 깨끗하지 않다'고 말한 뒤 다시 올라갔다.

이후 나는 보닛만 45분 동안 세차했다. 모든 것이 좋았고, 내 발전의 일부였다.

멤버로 죽도록 연습하고, 죽도록 세차하고, 죽도록 1군 데뷔전을 기다렸던 소년 매디슨. 준비된 자에게는
기회가 반드시 찾아온다. 100만명 중의 1명은 1군 그라운드를 밟을 준비를 마쳤다.

해리 포터 광(狂)

해가 지지 않는 나라 영국. 자랑거리가 얼마나 많은가. 제임스 매디슨이 뛰고 있는 PL 역시 영국의 자랑 중 하나다. 축구 종가의 세계 최고 리그. 그리고 빠뜨릴 수 없는 게 영국이 자랑하는 작가 J. K. 롤링이다. 그녀가 쓴 판타지 소설 〈해리 포터〉는 역사상 가장 많이 팔린 베스트셀러, 그리고 역사상 가장 많은 수익을 기록한 시리즈다. 매디슨도 이에 동참한 사람 중 하나다. 해리 포터 시리즈가 가장 많은 수익을 올릴 수 있게 어시스트를 한 수많은 이들 중 하나가 바로 매디슨이다.

매디슨은 해리 포터를 좋아한다. 좋아하는 걸 넘어 해리 포터에 미쳐 사는 사람이다. 집착하고 있다는 표현이 가장 잘 맞는 것 같다. 어린 매디슨의 동심을 지배한 자가 바로 해리 포터였다. 축구를 제외하고 어린 시절의 매디슨이, 아니 지금도 가장 빠져 있는 것이 바로 해리 포터 시리즈다. 어릴 때 시작됐지만 그 진심은 계속됐다. 성인이 돼서도 해리 포터에 대한 충성심은 변하지 않았다. 해리 포터는 매디슨이 커리어를 거쳐오면서 항상 정신적으로 힘이 되어 준 영웅이었다. 해리 포터가 옆에 있으면 뭐든지 할 수 있다는 자신감이 있었다. 너무 힘들고 풀리지 않는다면, 마법으로 하면 되니까.

매디슨 집 전체가 해리 포터와 관련된 굿즈로 도배되어 있다. 거실에도 방에도, 부엌에도, 해리 포터가 보이지 않는 곳이 없다. 의상과 소품, 사진, 그리고 영상에 게임까지. 없는 게 없다. 심지어 자신의 팔에 해리 포터 타투를 새기기도 했다. 그것도 무려 3개나 된다. 그만큼 해리포터를 사랑한다. 정말 사랑한다. 해리 포터에 관한 이야기를 할 때는 세상 천진난만한 표정을 짓는다.

**나는 해리 포터의 열렬한 팬이다.
내 생일에는 지팡이와 함께,
다니엘 래드클리프*의 사인을 받았다.
나는 그것을 가지고 해리 포터 속으로 들어갔다.**

나는 매년 크리스마스에 해리 포터의 모든 시리즈를 다 본다. 내 가족과 동료들은 매번 나에게 물어본다. '매해 계속 보면 지겹지 않냐?'고. 지금은 모두가 인정한다. 크리스마스에 해리 포터 영화를 보는 건 우리 집안의 전통이 됐다. 정말 나는 해리 포터에 관해 서는 괴짜다. 괴짜라서 미안하다.

*영화 〈해리 포터〉시리즈의 주연 배우

IH 매디슨

Half Time

그렇다면 배우 다니엘 래드클리프를 직접 만난 적이 있을까? 우상을 만나보고 싶은 건 모두의 같은 마음. 하지만 매디슨은 달랐다. 매디슨은 강하게 거부했다. 래드클리프만큼은 절대 만날 수 없다고 강하게 외쳤다.

래드클리프는 매디슨의 우상이다. 축구계 우상 크리스티아누 호날두와 다른 존재다. 따라 할 수 있고, 호날두처럼 될 수 있다는 꿈을 꾸면서 축구 선수 생활을 하고 있다. 해리 포터는 다르다. 따라 할 수 있는 존재가 아니다. 아무리 열심히 한다고 해도 해리 포터처럼 될 수도 없다. 그냥 동경하는 존재다. 아무런 목적의식 없이 무조건적인 사랑을 하는 것이다. 이런 존재는 그냥 머리와 가슴속에 간직하는 게 낫다고 판단했다. 물론 해리 포터는 실존 인물이 아니다. 상상 속의 우상, 현실에서 만날 수 없는 우상이다. 때문에 매디슨은 래드클리프도 해리 포터도 상상 속의 우상으로 영원히 남겨 두고 싶어 한다. 자신의 정신과 마음을 움직이게 하는 영웅으로 짝사랑만 하기를 원한다. 현실에서 만나면 환상이 깨지지 않을까, 자신만의 세계가 무너지지 않을까. 실제로 만난다면 혹여라도 마법사의 비밀을 알아버릴 수 있을까 고민 아닌 고민을 한다. 정말 사랑하는 사람은 만나는 게 아니다. 첫사랑을 다시 만나면 대부분 결과가 좋지 않은 것처럼. 우상의 모습으로 그냥 남아 있으면, 내 기억 속에, 마음속에 꽉 채워져 있다면, 그러면 된다. 충분하다. 매디슨이 우상을 사랑하는 방법이다.

**나는 절대로 래드클리프를 만날 수 없다.
나는 래드클리프를 만나고 싶지 않다.
그는 나에게 해리 포터 그 자체다.
해리 포터라고. 그는 나의 영웅이다.**

매디슨은 토트넘으로 이적한 후에도 해리 포터를 향한 애정을 이어갔다. 여자 친구인 케네디 알렉사와 해리 포터 연극을 관람하는 모습이 포착되기도 했다. 이런 모습을 본 토트넘 팬들은 열광했다. "토트넘의 마술사가 진짜 마술사를 좋아한다"며.

정말 소름 돋는 게 무엇인지 아는가. 매디슨의 첫째 아들 레오 크루즈 매디슨과 해리 포터의 생일이 7월 31일로 같다는 것이다.

21

프로 첫 경기,
첫 선발,
첫 골,
첫 계약서,
첫 부상

2014-15시즌이 개막됐다. 그리고 매디슨이
드디어 프로 무대 그라운드에 나섰다. 2014년
8월 13일 열린 캐피털원컵 1라운드 카디프시티와
원정 경기. 매디슨은 후반 23분 교체로 투입됐다.
프로 선수 매디슨의 데뷔 무대였다. 데뷔전은
아쉬움이 컸다. 시간이 많지 않았고, 팀은 1-2로
졌다. 이후 매디슨의 출전 시간이 길어지기
시작했다. 9월 2일 위컴과 EFL 트로피에 출전해
첫 승리를 경험했다. 코벤트리시티는 1-0으로
승리했다. 이어 10월 11일 크루와 리그원
경기에서 리그 데뷔전을 치렀다.
그리고 매디슨에게 찾아온 운명적 경기가
펼쳐진다. 컵대회와 리그 모두 합쳐 5경기를
소화했던 매디슨. 프레슬리 감독은 이제 매디슨이
선발로 나설 때가 됐다고 생각 했다. 이 생각을
실행했다. 10월 21일 열린 올덤 애슬레틱과
경기. 매디슨의 리그 첫 선발 출전을 알린
역사적인 경기. 매디슨은 역사를 그냥 지나칠
수 없었다. 리그 첫 선발 데뷔전에서, 프로 첫
골을 작렬시켰다. 역시나 프리킥 골이었다.
매디슨의 원맨쇼. 전반 30분 매디슨이 드리블로
프리킥을 직접 얻어냈고, 직접 오른발로 차
성공시켰다. 그에게는 최고의 날이었다. 아쉬운
건 코벤트리시티가 1-4로 대패를 당한 것.

이후 매디슨은 코벤트리시티의 핵심 선수로, 중심으로 이동했다. 인상적인 활약으로 구단을 매료시켰다. 코벤트리시티는 확신했다. 매디슨의 경쟁력, 잠재력을. 그래서 매디슨에게 구단의 미래를 맡기기로 결정했다. 매디슨은 2014년 11월 24일 첫 프로 계약서에 사인을 했다. 계약 기간은 3년 6개월이었다. 2018년 6월까지. 매디슨 인생 최고의 생일 선물이었다. 매디슨의 생일은 11월 23일. 18세 생일 바로 다음날 프로 첫 계약서에 사인하는 선물을 받았다. 매디슨의 밝은 미래가 펼쳐지기 시작한 것이다. 매디슨은 기뻤다. 자신의 소년 시절을 모두 바친 클럽에서 인정을 받은 것이다.

아카데미에서 이 단계까지 오는 모든 과정이 결국 프로 계약을 하는 것으로 갔다. 이는 나에게 있어 세계 최고의 감정이다.

첫 계약 후 자신감은 더욱 폭발했다. 매디슨 최고의 강점이 더욱 강해진 것. 누구도 말릴 수 없을 정도였다. 소년 시절 등장했던 호날두가 또 등장했다.

나는 스스로에게 목표를 부여한다. 코벤트리시티와 프로 계약을 맺는 것이 목표였다. 내 예상보다 일찍 찾아왔다. 내가 축구에 더 집중할 수 있게 됐다. 아카데미에서 축구를 마치고 나오니 완전히 다른 세상이 펼쳐졌다. 축구가 예쁘지 않았다. 몸이 크고, 강한 선수들이 있고, 축구는 힘들어졌다. 이 문제를 해결해야 한다. 나는 그렇게 할 수 있다고 자신한다. 시간이 지나면서 더 강해지는 법을 배우고 싶다. 나는 호날두 스타일로 경기를 하고 싶다. 코너킥이든, 프리킥이든, 페널티킥이든 자신 있다. 데드볼 상황에서 꽤 잘한다고 생각한다. 나는 자신감 있는 젊은이다. 나 자신을 믿지만, 자만하고 싶지는 않다.

매디슨만큼 기뻐한 이는 프레슬리 감독이었다.

매우 밝은 미래를 가진 선수와 계약해 기쁘다. 매디슨의 태도와 능력에 깊은 인상을 받았다. 경기에 나서는 모습을 보고 그에 대한 신뢰에 커졌다. 매디슨은 내가 준 기회를 실력으로 보답했다. 배우고 발전하기 위해 추가적인 노력을 멈추지 않는 매디슨의 의지가 보였다. 매디슨의 최고 강점은 정확한 시간에 경기 속도를 바꿀 수 있다는

것이다. 어린 선수에게는 놀라운 능력이었다. 매디슨과 함께 하고 싶었다. 이것이 프로 첫 계약을 제안한 결정적인 이유였다. 우리 구단은 이 계약에 대해 매우 흥분하고 있다. 매디슨은 이 클럽의 미래다. 그렇게 믿고 있다.

그런데 인생이라는 것이 그렇다. 기쁨이 있으면 슬픔이 있다. 환희가 오면, 고통도 함께 찾아오게 마련이다. 매디슨도 이런 과정을 피하지 못했다. 계약서의 사인이 채 마르지도 않았던 12월 26일. 돈커스터로버스전에 나섰던 매디슨은 허리 부상으로 쓰러졌다. 큰 부상이었다. 이 경기는 매디슨의 커리어 첫 퇴장이라는 불명예도 남겼다. 후반 31분 경고 누적으로 퇴장을 당했다.

전력에서 이탈한 매디슨은 2015년 4월 6일 노츠카운티와 경기에서 그라운드로 돌아올 수 있었다. 부상을 확실히 턴 모습이었다. 매디슨은 5월 3일 크롤리와 리그 경기에서 1골을 더 신고했다. 매디슨이 골을 넣고 처음 승리를 거둔 경기다. 코벤트리시티는 2-1로 이겼다. 이 경기가 매디슨의 2014-15시즌 마지막 경기였다. 매디슨은 총 18경기에 출전해 2골을 넣었고, 리그만 따지면 12경기에 나서 2골을 기록했다.

그렇게 프로 첫 시즌이 끝났다. 첫 시즌인 것을 감안하면 결코 나쁘지 않았다. 매디슨은 프로에서도 할 수 있다는 자신감이 생겼다. 매디슨은 이렇게 첫 시즌을 돌아봤다.

나는 1군 축구에 대한 적응력이 생겼다. 1군에서 뛰는 것에 익숙해졌다. 앞으로 더 많은 것을 원한다. 나의 경기 방식이 건방지다는 사람들의 말은 신경 쓰지 않는다. 나는 공을 가지고 있는 것을 좋아하고, 짧은 패스를 좋아한다. 자신감이 크다. 2015년은 내게 중요한 해였고, 1군의 한 자리를 확실히 얻었다.

직전 시즌 코벤트리시티는 18위에 그쳤다. 매디슨이 1군 무대를 밟기 시작한 2014-15시즌은 17위로 한 계단 상승했다. 그런데 이때까지는 몰랐다. 다음 시즌부터 매디슨에게 엄청난 일들이 벌어진다는 것을. 매디슨과 코벤트리시티 모두 감당할 수 없을 정도의 놀라운 일들이 말이다.

에이스가 된 매디슨,
팀에 더 머물 수 없었다

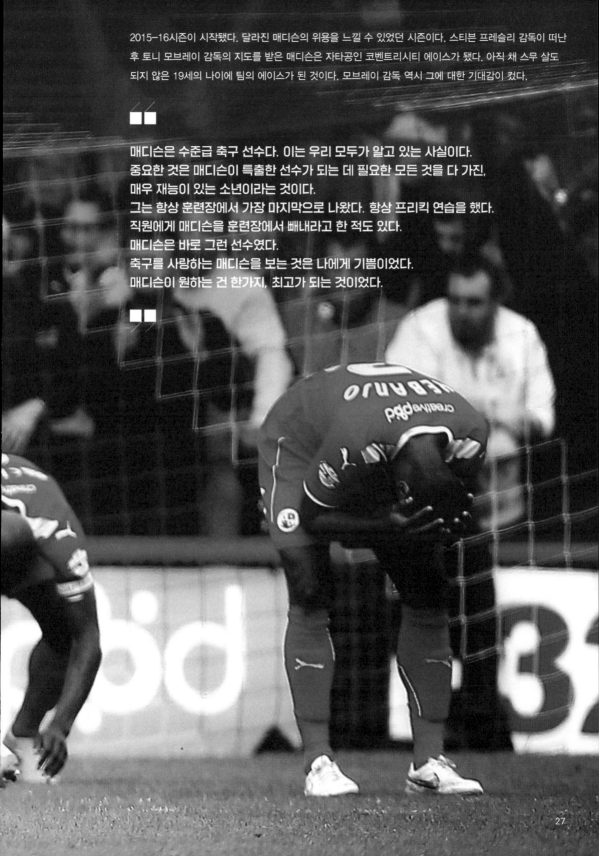

2015-16시즌이 시작됐다. 달라진 매디슨의 위용을 느낄 수 있었던 시즌이다. 스티븐 프레슬리 감독이 떠난 후 토니 모브레이 감독의 지도를 받은 매디슨은 자타공인 코벤트리시티 에이스가 됐다. 아직 채 스무 살도 되지 않은 19세의 나이에 팀의 에이스가 된 것이다. 모브레이 감독 역시 그에 대한 기대감이 컸다.

매디슨은 수준급 축구 선수다. 이는 우리 모두가 알고 있는 사실이다.
중요한 것은 매디슨이 특출한 선수가 되는 데 필요한 모든 것을 다 가진,
매우 재능이 있는 소년이라는 것이다.
그는 항상 훈련장에서 가장 마지막으로 나왔다. 항상 프리킥 연습을 했다.
직원에게 매디슨을 훈련장에서 빼내라고 한 적도 있다.
매디슨은 바로 그런 선수였다.
축구를 사랑하는 매디슨을 보는 것은 나에게 기쁨이었다.
매디슨이 원하는 건 한가지, 최고가 되는 것이었다.

기대와 달리 시즌 초반은 좋지 않았다. 시즌 개막과 함께 5경기에서 맹활약을 펼치며 기대감을 한껏 높인 좋은 스타트를 보였으나, 8월 22일 월솔 경기를 마지막으로 팀에서 이탈해야 했다. 이유는 이 경기에서 당한 발목 부상이었다. 매디슨은 해를 넘기기 직전인 12월 19일 올덤과 경기에서 약 4개월 만에 돌아올 수 있었다. 이후에는 큰 부상 없이 멋진 시즌을 보냈다. 매디슨은 자신에게 찾아온 두 번째 부상도 잘 극복해 냈다. 당초 1월이 돼야 돌아올 수 있다는 전망이 나왔지만, 매디슨은 투지와 열정으로 그 시기를 1달 가까이 당겼다.

내가 빨리 돌아가겠다고 난리를 치는 것 때문에 의사들은 질렸을 것 같다. 나는 최고의 모습으로 돌아올 자신이 있었다. 부상 기간 동안 밖에 있어 실망스러웠지만, 지금 경기장에 돌아와서 기분이 좋다. 앞으로 우리가 이겨야만 하는 경기들이 많다.

매디슨은 2015-16시즌 리그원 23경기에 출전해 3골을 넣었고, 캐피털원컵을 포함해 총 24경기를 소화했다. 매디슨이 에이스가 된 코벤트리시티는 엄청난 상승을 이뤄냈다. 직전 시즌 17위였던 팀을 매디슨이 8위로 열 계단 가까이 수직 상승시킨 것이다. 매디슨 효과는 엄청났다. 이때 매디슨을 옆에서 도운 멘토가 한 명 있었다. 프리미어리그 스타플레이어 출신, 첼시에서 전성기를 보냈던 공격형 미드필더 조 콜이었다. 그는 2015-16시즌 아스톤빌라에서 코벤트리시티로 임대했고, 완전 이적에 성공했다. 그때 콜은 매디슨이라는 강렬한 후배를 만났고, 그를 돕기 위해 최선을 다했다. 콜이 기억하는 매디슨의 모습은 이렇다.

JOE COLE

콜이 기대한 대로 해당 시즌 매디슨은 코벤트리시티의 에이스로서 활개를 쳤고, 수많은 클럽의 시선을 사로잡았다. 2부리그 팀뿐만 아니라 1부리그 팀들까지 매디슨을 노렸다. 매디슨은 시즌 내내 상대 팀과 싸워야 했지만, 수많은 이적설과도 싸워야 했다. 리그원을 넘어 잉글랜드에서 가장 뛰어난 신성으로 평가를 받았고, 잉글랜드 전체가 주목하는 선수가 된 것이다. PL 최강 맨체스터유나이티드를 포함해 맨체스터시티, 리버풀, 아스널, 토트넘 등 매디슨을 감시했다. 토트넘은 '제2의 델레 알리'라고 확신하며

매디슨에게 접근했다. 수많은 이적설에 기대감을 품기도 했고 동시에 괴롭힘을 받던 매디슨이었다.

훈련장에 왔는데 누군가 내가 곧 토트넘으로 간다고 말해주더라. 나는 에이전트에게 문자를 보내 물어봤다. '내가 토트넘으로 가는 거야?'라고. 아니었다. 나는 그때 알았다. 내가 할 일은 오직 축구에만 집중하는 것, 그게 전부라는 것을.

모브레이 감독은 이렇게 회상했다.

매디슨이 부상 복귀전을 치렀고, 이후 PL 스카우트들이 엄청나게 몰려왔다. 경기가 없을 때도 스카우트들이 보였다. 실제로 코벤트리시티의 모든 경기에서 PL 스카우트들이 포착됐다. 다들 매디슨의 경기를 지켜봤고, 그의 몸상태를 체크했다.

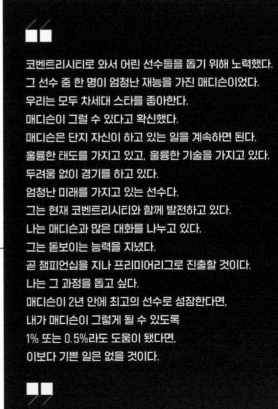

코벤트리시티로 와서 어린 선수들을 돕기 위해 노력했다.
그 선수 중 한 명이 엄청난 재능을 가진 매디슨이었다.
우리는 모두 차세대 스타를 좋아한다.
매디슨이 그럴 수 있다고 확신했다.
매디슨은 단지 자신이 하고 있는 일을 계속하면 된다.
훌륭한 태도를 가지고 있고, 훌륭한 기술을 가지고 있다.
두려움 없이 경기를 하고 있다.
엄청난 미래를 가지고 있는 선수다.
그는 현재 코벤트리시티와 함께 발전하고 있다.
나는 매디슨과 많은 대화를 나누고 있다.
그는 돋보이는 능력을 지녔다.
곧 챔피언십을 지나 프리미어리그로 진출할 것이다.
나는 그 과정을 돕고 싶다.
매디슨이 2년 안에 최고의 선수로 성장한다면,
내가 매디슨이 그렇게 될 수 있도록
1% 또는 0.5%라도 도움이 됐다면,
이보다 기쁜 일은 없을 것이다.

그리고 결국 시즌이 끝나지도 않은 시점에서 매디슨은 2016년 1월 31일 2부리그 노리치시티와 계약을 체결했다. 기간은 3년 6개월. 리버풀의 끈질긴 추격이 있었지만, 그의 선택은 노리치시티였다. 리버풀의 한 지역 매체는 이미 매디슨 영입 확정 보도까지 한 상태였다. 그는 세계적 명장 위르겐 클롭 리버풀 감독이 직접 지목한 선수였다. 그러나 PL 최정상의 클럽 리버풀을 포함해 당장 1부리그로 가면 1군 자리를 보장받지 못하리라 판단했다. 어린 나이에 1군으로 와서 자기 자리를 찾지 못했다는 경험에서 나온 선택이었다. 그는 경기에 정규적으로 뛰는 것이 가장 중요했다. 그래서 노리치시티의 손을 잡았다. 이적료는 300만 파운드(52억원)였다. 바로 이적하지 않고 남은 시즌 동안 원 소속팀 코벤트리시티에 임대를 하는 조건이었다. 매디슨이 드디어 다음 단계로 발을 디뎠다. 욕심을 내지 않았다. 두 단계가 아닌 한 단계씩 차근차근 밟고 가기로 결정을 내렸다. 노리치시티의 기대감은 컸다.

매디슨은 어린 나이에 코벤트리시티에서 두각을 나타낸 환상적인 유망주다. 우리는 매디슨과 계약해 매우 기쁘다. 매디슨은 발전할 수 있는 진정한 잠재력을 가지고 있다.

당시 코벤트리시티의 스태프, 팬들의 많은 반대가 있었다. 팀의 에이스이자 미래를 내줄 수 없다는 것이었다. 하지만 대승적인 차원에서, 또 구단의 수익을 위해서 매디슨과 이별을 최종 결정했다. 코벤트리 지역지는 이렇게 비판했다.

코벤트리시티는 야망이 없다. 매디슨이 많은 구단들의 관심을 받고 있다는 것은 알았다. 매디슨이 영원히 코벤트리시티에 남아 있을 거라고 생각하지도 않았다. 하지만 매디슨 매각에 대한 분노와 실망감을 떨쳐버리기 힘들다. 300만 파운드다. 매디슨의 몸값이. 재정적으로 위험한 코벤트리시티가 어떤 제안도 피하기 어렵겠지만, 우리의 소중한 자산을 이렇게 쉽게 내준다는 건, 클럽에 야망이 전혀 없다는 것을 보여준다. 코벤트리시티는 미래를 버렸다. 팬들은 충격에 빠졌다. 코벤트리시티는 최고의 클럽이 될 자격이 없다.

매디슨 매각 결정을 내린 코벤트리의 CEO 크리스 앤더슨은 이렇게 기억했다.

매디슨이 노리치시티로 이적할 때, 많은 팬들이 반대했고, 좌절했다. 나의 아들도 매디슨을 팔지 말라며 나를 막아섰다. 구단 역시 팬들만큼 매디슨을 사랑했다. 구단도 감정이 북받치는 결정이었다. 오랫동안 고민한 끝에 내린 결정이었다. 구단의 재정적인 위기를 외면할 수 없었다. 놓치기 아까운 선수였다.

모두가 반대했던 건 아니었다. 매디슨을 소년 시절 키웠던 리차드 스티븐스 감독은 적극 찬성했다.

이번 이적이 매디슨에게 도전이 될 것이라고 확신한다. 큰 시험대가 될 것이다. 매디슨은 항상 밀릴 때마다 극복하는 방법을 스스로 찾았다. 잘할 것이다. 그리고 매디슨은 이적을 계기로, 앞으로 PL 상위권 팀에 갈 수 있을 것이다.

매디슨은 코벤트리시티와 이별했지만, 자신의 시작을 함께한 팀과 도시를 잊지 않았다. 프로 레벨에서는 3~4년

남짓한 시간이었지만 유스 시절을 포함하면 10년을 훌쩍 넘는 결코
짧지 않은 시간이었다. 그는 코벤트리시티 역대 최고의 선수, 가장
가치 있는 선수로 꼽히기도 했다. 몸이 떠났다고 해서 마음이 떠날
수 없는 관계였다. 떠난 후에도 꾸준히 코벤트리시티 유스팀에
방문해 후배들을 만났고, 어린 선수들을 지도해줬다. 기부도 했고,
선물도 많이 안겼다. 자신이 이곳에서 받은 것을 돌려주기 위해
최선의 노력을 다했다. 그리고 훗날 매디슨이 프리미어리그로
이적할 당시, 많은 팀의 러브콜을 뿌리치고 레스터시티를 선택한
결정적 이유가 있다. 바로 코벤트리와 가까워서였다. 매디슨은 훗날
코벤트리시티를 향해 이런 말을 남겼다.

나를 만든 건 코벤트리였다. 나의 모든 것이 시작된 곳이었다.
코벤트리가 없었다면 지금의 나는 없다. 코벤트리의 모든 분에게
너무 감사하다. 큰 자부심이 있다. 이곳의 시설, 감독, 동료 모두가
지금의 내가 되는 데 큰 역할을 했다. 내가 어디에서 왔는지, 내가
어떻게 성장을 했는지 잊지 않는 것이 매우 중요하다. 내가 할
수 있는 말은 감사하다는 말뿐이다. 코벤트리시티는 환상적인
클럽이다. 나는 이곳에서 태어났고, 자랐고, 축구 선수로 뛰었다.
특별한 감정이 있다. 평생 잊지 못할 순간들을 선물했다. 나는
이곳이 자랑스럽다. 사랑한다.

특별히 코벤트리시티 후배들에게 이런 조언도 남겼다.

내가 이곳에 있을 때는 항상 목표를 높게 설정했다. 리그원에서
시작하더라도, 목표를 높게 설정했고, 그 목표를 달성했다. 나
스스로 자랑스러운 부분이다. 소년들에게 하고 싶은 조언이 있다.
그냥 즐기라는 것이다. 그 나이 때는 모든 것이 즐거울 수 있다.
축구도, 훈련도 마음껏 즐기면 된다. 그냥 가서 자신을 표현하면서
자유롭게 놀다 보면, 어느 순간 경기에서 자신만의 길이 보이게 될
것이다.

코벤트리시티를 떠난 후에도 매디슨은 자신의 고향, 자신의 시작을
잊지 않았다. 그만큼 코벤트리시티는 그에게 소중했고, 절대 변하지
않는 첫사랑과 같은 존재였다. 매디슨의 공백을 채우지 못했던
코벤트리시티는 2016-17시즌 강등됐다. 매디슨의 존재감과
영향력이 얼마나 컸는지, 왜 팬들이 매디슨의 이적을 막아서는지,
쉽게 체감할 수 있는 직관적인 결과였다.

In Norwich City
2016-2018
& Aberdeen
2016-2017

"

노리치시티는 나에게 특별한 클럽이다.
나는 이곳에서 위대한 사람들을 많이 만났고,
세계 정상에 서 있는 느낌을 받았다.
노리치시티에 사는 것부터, 만난 사람들,
팬들까지 사랑했던 내 인생의 일부다.

"

01

노리치 떠나 애버딘 임대,
첫 1분부터 1등석이었다

2015-16시즌 원 소속팀 코벤트리시티에서 어색하면서도 편안한 임대 생활을 마친 후 2부리그 노리치시티에 입성한 매디슨. 기대감이 부풀었지만 그를 먼저 찾아온 건 시련이었다.

잉글랜드 2부리그의 벽은 생각 이상으로 높았다. 노리치시티는 19세의 어린 매디슨이 더 성장하기를 바랐고, 알렉스 닐 감독은 매디슨을 즉시전력감으로 보지 않았다. 미래 자원으로 판단했다. 2016-17시즌을 앞둔 8월 노리치시티는 다시 매디슨의 임대를 전격 결정했다. 그가 향한 곳은 스코틀랜드의 애버딘이었다. 2017년 1월까지 반년 임대였다. 애버딘은 스코틀랜드 강호 중 하나로 1978년부터 1986년까지 위대한 감독 알렉스 퍼거슨이 지도했던 팀으로도 유명하다. 애버딘에서 경험을 쌓은 퍼거슨 감독은 다음 목적지로 떠난 잉글랜드 맨체스터유나이티드에 정착했고, 역사가 시작됐다는 사실은 너무나도 잘 알려진 스토리다. 2015-16시즌 리그 2위를 차지했던 애버딘은 우승을 위한 승부수가 필요했고, 매디슨 임대라는 승부수를 띄웠다. 매디슨 임대를 확정 지은 데릭 매킨스 애버딘 감독은 환영 메시지를 보냈다.

35

매디슨을 영입하게 돼 매우 기쁘다.
매디슨은 훌륭한 재능을 가진 선수이며,
우리와 함께 뛸 수 있는 기회를 얻기를 바란다.
매디슨은 미드필더 여러 포지션을 소화할 수 있는
창의적인 선수다. 기술적으로도 매우 뛰어나고,
팽팽한 경기에서 변화를 만들어 낼 수 있는 선수다.
그의 모든 것이 큰 매력이었다.
이곳에서 함께 즐기고 싶은 선수다.
애버딘과 나를 기쁘게 하는 옵션임이 분명하다.
매디슨은 이곳에 1월까지 있을 것이다.
이곳에서 어떤 일이 일어나는지 지켜보자.

구단의 환영 인사는 받았지만, 사실 매디슨 입장에서는 자존심이 상하는 일이었다. 잉글랜드 2부리그에서 뛸 자격을 인정받지 못했기 때문에 스코틀랜드로 온 것이니 말이다. 코벤트리시티 에이스의 굴욕이었다.

사실 회의적이었다. 코벤트리시티에서 좋은 성적을 거둔 후 노리치시티로 가서 경기를 뛰지 못하는 것이 힘들었다. 솔직히 노리치시티에서 프리시즌을 다 보냈고, 나는 정말 잘했다고 생각했다. 그렇지만 19세에 불과한 어린 청년이 기존 주전 선수들을 앞서 나가기는 힘들었다.

하지만 좌절만 하고 있을 수는 없었다. 스스로 살길을 찾아야 했다. 긍정적으로 생각을 바꾸었다. 어린 나이에는 경기에 뛰는 것이 무엇보다 중요했다. 매디슨은 직접 알렉스 닐 노리치 감독을 찾아가 임대를 보내달라고 했다. 그리고 물색했던 팀이 애버딘이었고, 마침 애버딘도 매디슨에 적극적이었다.

노리치시티에서 기회가 제한적이라는 것을 알게 된 후,

나는 닐 감독을 찾아가 임대를 갈 수 있는지 물어봤다. 나는 정규적으로 게임을 하고 싶었고, 애버딘이 나에게 어필했다. 애버딘은 내가 결정한 것에 기뻐했다. 애버딘은 긍정적인 임대를 많이 성공시킨 구단이었다. 특히 애버딘이 소속된 스코틀랜드 리그는 피지컬이 상당히 강한 곳이었다. 나와 같은 몸집이 작은 유형이 발전할 수 있는 좋은 무대가 될 거라고 확신했다. 나를 더 강하게 만들 수 있는 리그라고 판단했다. 우리는 앉아서 모든 옵션을 빠르게 결정했고, 나는 애버딘으로 가기로 했다.

애버딘으로 합류한 매디슨. 이제 할 일은 자신의 큰 강점인 자신감으로 밀어붙이는 것이다. 이번에도 통했다. 매디슨은 이른 시간 안에 애버딘에서 영향력을 높였다.

나는 애버딘에서 즐기기로 마음을 먹었다. 좋은 친구들이 있었고, 좋은 감독이 있었다. 나를 응원해 주는 많은 사람들이 있었다. 이곳에서 셀틱과 레인저스와 같은 강호들을 상대할 수 있다. 나에게는 또 다른 도전이었다. 실력파 선수들이 많았고, 이곳은 환상적인 리그였다. 나는

기회를 줬고, 나는 매킨스 감독에게 좋은 경기력으로 보답하고 싶었다.

2016년 9월 10일 인버네스CT전에서 매디슨은 애버딘 데뷔전을 치렀고 1-1 무승부를 기록했다. 그리고 이어진 9월 18일 던디와 경기에서 매디슨은 첫 번째 선발 출전을 명령받았다. 0-1 상황에서 매디슨이 동점골을 작렬시켰다. 애버딘 데뷔골이었다.
이 골은 게임 판도를 변화시켰고, 애버딘은 결국 3-1 역전 승리로 경기를 마무리 지었다. 이곳에서도 해낼 수 있다는 자신감을 확실히 가지는 계기가 됐다. 애버딘 첫 2경기를 치른 후 매디슨은 이렇게 말했다.

던디전에 우리는 최고의 모습을 보이며 승리했다. 앞으로도 나는 애버딘 팬들을 자리에서 일어서게 할 준비를 하고 있다. 나는 팀에 창의력을 불어넣고, 도움과 골, 공격 기회를 가져올 수 있는 공격형 미드필더라고 생각한다. 나는 팬들이 가만히 있지 않고, 자리에서 끌어내리는 것을 좋아하는 선수다. 팀에 공격적인 감각을 불어넣는 것을 좋아한다.

매킨스 감독의 시선도 더욱 강렬해졌다. 매디슨에 대한 설렘이 확신으로 바뀌는 순간이었다.

매디슨을 본 첫 1분부터 그는 1등석이었다. 훈련 첫날부터 인상적이었다. 기술적으로 볼을 소유하는 것, 좋은 패스, 부드러운 발, 진정한 창의력을 갖춘 선수다. 자신이 하는 모든 일에 완전한 믿음을 가진, 자신감 넘치는 소년이었다. 매디슨이 하는 모든 일은 매끄럽고 자연스러웠다. 그는 타고난, 특별한 축구 선수였다. 애버딘에서 매디슨은 게임에서 무언가를 만들어내고, 모든 변화를 일으키는 게임 체인저였다. 매디슨과 함께했던 시간 동안 언제나 나는 분명했다. 나는 매디슨을 100% 지지하는 사람이다. 그를 보고 있으면 저스틴 비버가 노래를 하는 것처럼 흥이 났다.

이곳에서 경기를 하면서, 모든 사람들에게 내가 할 수 있다는 것을 보여주기 위해 왔다. 이곳에서 시야를 더 넓힐 것이다. 이곳의 훈련 수준은 정말 높았고, 좋은 동료들도 많았다. 모두가 나를 환영했고, 나의 적응을 도와줬다. 모두 감사하다. 이제 내가 할 일은 나 자신을 믿고, 능력을 믿고 나아가야 하는 것뿐이다.

매킨스 감독은 신의 한 수를 꺼내 들었다. 매디슨에게 프리롤을 부여한 것이다. 기존 공격형 미드필더 자리에 제한을 두지 않고, 최전방 스트라이커 애덤 루니 뒤에서 왼쪽이든, 오른쪽이든 어디든 상관없이 뛰어다니라고 주문했다. 이런 주문은 매디슨의 경쟁력을 크게 배가시키는 힘이 됐다. 매디슨도 만족했다.

정말로, 정말로, 정말로 좋은 감독인 매킨스가 나를 믿어줬다. 훈련도 전문적이었고, 매우 만족스러웠다. 감독은 나에게 스스로 표현할 수 있는 자유를 줬다. 감독이 나에게 맡긴 역할을 나는 즐기고 있다. 나를 모두에게 표현할 수 있는 일종의 자격증을 얻은 것이다. 그는 나에게

매디슨의 절대 자신감, 매킨스 감독의 절대 지지가 더해져, 매디슨은 스코틀랜드를 뒤집는 환상적인 골을 터뜨렸다.

02

애버딘 최고의 순간, 커리어 최고의 골

리그 2경기를 순조롭게 치른 매디슨은 9월 22일 열린 세인트 존스톤과 리그컵에서도 출전해 팀의 1-0 승리에 힘을 보탰다. 그리고 운명적인 경기가 다가왔다. 9월 25일 스코틀랜드 최강의 명문 레인저스와 맞대결이었다. 레인저스와 대결은 매디슨 자신의 수준, 한계를 가늠해 볼 수 있는 도전 그 자체인 무대였다. 이 경기를 앞두고 매디슨은 먼저 선전포고를 했다.

레인저스와 치열한 경쟁에 빨리 뛰어들고 싶다.
레인저스에 대한 이야기는 워낙 많이 들었다.
엄청난 경기다. 나는 이런 역사에 동참하고 싶다.
레인저스 같은 팀과 맞붙는 것이 내가 축구를 하는 이유다.
성공을 위해서도 꼭 필요한 경기다.

경기가 시작됐다. 매디슨은 선발로 아닌 교체 자원으로 대기를 하고 있었다. 1-1로 비기고 있던 상황, 후반 시작과 함께 매디슨이 그라운드를 밟았다. 시간은 지나 90분이 됐다. 무승부로 경기가 끝나갈 무렵, 그때 애버딘은 프리킥을 얻었다. 아크 왼쪽, 골대와 거리 약 300야드(27m)였다. 키커로 매디슨이 나섰다. 꽤 먼 거리였다. 모두가 이렇게 예상했다. 매디슨이 반대 방향으로 크로스를 올릴 것이라고.
하지만 매디슨은 예상을 뒤집었다. 그는 오른발로 감아찼고, 공은 그대로 골문으로 향했다. 아름다운 궤적을 그린 공은 골대 왼쪽 상단 구석으로 빨려 들어갔다. 원더골. 거함 레인저스를 격침한 결승골이었다. 이 골로 스코틀랜드는 난리가 났다. 그리고 매디슨은 일약 스코틀랜드 스타가 됐다. 매디슨을 향한 찬사가 넘쳐났다. 이는 매디슨 커리어 최고의 골이었다. 매디슨 스스로가 인정하는 환상적인 골이었다.

> 믿을 수 없는 감정을 느꼈다. 레인저스와 경기를 준비하기 전부터 꿈을 꾸는 것 같았다. 경기를 둘러싼 많은 화제가 있었다. 늦은 시간에 결승골을 넣는 시나리오. 내가 그것을 해냈다. 경기장은 뜨거웠다. 전반전에 경기가 좋지 않았기 때문에, 후반전에 바꾸고 싶었다. 우리가 경기에 이길 수 있는 기회가 주어졌고, 우리는 프리킥을 얻었고, 내 임무를 수행할 수 있어서 행복했다. 나는 항상 프리킥을 연습했고, 감독의 믿음도 있었다. 내가 매일 연습하여 마스터한 것이다. 나는 긴장하지 않았다. 나 자신과 내 능력에 자신감이 있었고, 골을 넣을 수 있을 거라 확신했고, 고맙게도 나는 그것을 해냈다. 우리는 상대가 누구든 이길 수 있다. 내 커리어 최고의 골이었다. 내가 가장 좋아하는 골이자, 내 커리어의 하이라이트를 장식할 것이다. 나는 정말로 즐기고 있다.

데릭 매킨스 감독은 마치 자신이 직접 득점한 것처럼 기뻐했다.

> 어린 매디슨이 보여준 엄청난 수준의 골이다. 마지막 위너는 매디슨이다. 정말 기쁘다. 옥상에 올라가 소리쳐야 할 정도다. 매디슨은 다른 수준의 선수다. 전반전 우리의 모습에 짜증이 났다. 패싱, 태클, 압박 등 제대로 되는 것이 없었다. 후반 매디슨이 들어갔고, 경기는 변했다. 많은

> 것이 걸려 있던 죽음의 순간에 어린 소년이 해낸 모습, 이것이 매디슨의 모든 것을 알려준다. 우리는 레인저스를 물리쳤다. 너무나 기쁘다.

애버딘의 동료였던 나이얼 맥긴도 감탄사를 참지 못했다.

> 매디슨은 스코틀랜드에서 많은 사랑을 받았다. 결정적인 것은 역시나 레인저스전 프리킥 골이다. 그 프리킥 골은 앞으로 몇 년, 수십 년 동안 회자될 것이다. 애버딘이 레인저스와 경기를 할 때면 항상 매디슨의 순간이 떠오른다. 매디슨은 코너킥, 프리킥 등 기술이 믿을 수 없을 만큼 놀라웠다. 매디슨은 항상 연습하고, 또 연습하는 유형의 소년이었다. 이런 노력이 있었기에 그런 보상을 받을 수 있었다. 분명하다. 매디슨은 매우 호감 가는 캐릭터였다. 오만함과 자신감 사이에 분명한 선이 있었다. 그는 자신감이 넘쳤지만, 올바른 방식으로 행동했다.

레인저스전에서 환상적인 골을 넣은 후 매디슨은 한 층 더 진화했다. 결정적 순간이 선수의 미래를 바꾸는 법이다. 매디슨은 이후 애버딘의 선발로 자리를 잡으며, 핵심 멤버로 활약했고, 스코틀랜드 전체가 주목하는 스타가 됐다. 12월까지 매디슨은 맹활약을 이어갔고, 애버딘의 성적도 좋았다. 그렇게 스코틀랜드 전체가 매디슨에 빠진 사이, 어느덧 임대 종료 시기가 다가왔다.
그러자 애버딘은 욕심을 내기 시작했다. 1월이면 임대 계약이 끝나는 매디슨을 애버딘에 더 붙잡고 싶었던 것이다. 애버딘은 노리치시티와 임대 연장 논의에 들어갔다. 그리고 협의 직전까지 도달했다. 매킨스 감독은 "매디슨의 임대 계약을 연장하는데 근접했다"며 기대감을 표했다. 노리치시티 역시 긍정적이었다. 매디슨이 애버딘에 좀 더 머무르는 것이 그의 성장에 도움이 될 것으로 판단했다. 2016-17시즌이 끝날 때까지 매디슨이 애버딘에 남는 것으로 분위기가 흘러갔다. BBC 등 영국 언론들도 "매디슨이 시즌이 끝날 때까지 애버딘 임대 기간이 연장될 예정"이라고 보도했다. 놀라운 건 매디슨에게 시원하게 한 방 얻어맞은 레인저스도 매디슨 영입을 원했다는 후문. 하지만 매디슨이 거부했다. 매디슨은 스코틀랜드에서 얻은 자신감을 가지고 잉글랜드로 돌아가고 싶었다. 애버딘의 핵심 선수로 안주하는 삶을 살기보다 노리치시티에서 도전과 경쟁으로 주전이 되겠다는 목표가 더욱

앞섰다. 자신의 진짜 팀에서 제대로 인정을 받고 싶었던
것이다. 매디슨은 알렉스 닐 노리치시티 감독에게 직접
"노리치시티로 가서 1군 자리를 놓고 경쟁하겠다"라고
선언했다. 결국 매디슨의 의지대로 됐다. 애버딘 생활을
아름답게 마무리하고, 매디슨은 노리치시티로 향했다.
매디슨은 12월 27일 해밀턴과 경기에 마지막으로 출전하며
애버딘과 이별했다. 마지막 경기에서 팀은 2-1로 이겼다.
매디슨은 애버딘에서 총 17경기에서 나서 2골 7도움을
기록했다. 짧았던 4개월이라는 시간이었지만, 그의
퍼포먼스는 강렬했다. 그리고 애버딘에서의 4개월은 분명
매디슨의 성장에도 큰 도움이 됐다. 매디슨은 애버딘 역대
최고의 임대생으로 꼽히기도 했다. 매디슨은 애버딘을
떠나면서 이런 말을 남겼다.

애버딘은 나를 강하게 만들었다. 나는 수준 높은
스코틀랜드에서 더 많이 부딪혔고, 더 많은 킥을 했고, 더
많은 프리킥을 얻어냈다. 한 경기에서 10번 이상의 파울을
당한 것 같다. 스코틀랜드에 4개월 정도 있었지만, 그 짧은
시간은 나에게 큰 학습 곡선이었다. 내 커리어의 중요한
부분이었다. 분명 선수로서 나를 향상시켰다. 이곳에서
경기를 규칙적으로 뛸 수 있었다. 돌이켜보면, 내가 내린
결정에 매우 기쁘다. 만족한다. 내가 더 높은 곳으로 갈
준비를 할 수 있게 해준 곳이었다. 어린 나이에 결코
잊지 못할 경험이었다. 애버딘의 경험이 없었다면 지금의
매디슨도 없다. 이 클럽에서의 모든 시간을 사랑한다. 특히
매킨스 감독은 내가 할 수 있는 것을 보여줄 수 있도록,
나에게 플랫폼을 펼쳐줬다. 정말 감사하다.

매킨스 감독도 화답했다.

애버딘이 매디슨의 성장을 도왔다고 확신한다. 매디슨이
우리에게 왔을 때 19살이었지만, 실제 나이보다 대여섯 살
더 많은 것처럼 원숙했다. 매디슨과 함께 일하면서 언젠가는
잉글랜드 대표팀 선수가 될 것이라고 확신했다. 중요한
것은 매디슨 역시 그렇게 생각했다는 것이다. 매디슨은
언제나 자신을 위한 계획을 가지고 있었다. 매디슨은
이곳에서 열심히 했고, 모두에게 믿음을 각인시켰다. 그는
스코틀랜드에서 스스로 기회를 잡았고, 팀의 실망스러운
경기력 속에서도 홀로 빛났다. 많은 애버딘 팬들이 슬퍼했다.
나 역시 매디슨이 더 오래 애버딘에 머물기를 원했다.

세계 축구 역사상 가장 위대한
데드볼 스페셜리스트

데드볼. 죽어 있는 공이다. 즉 정지된 공. 이 공을 다루는 마술사들. 프리킥, 코너킥 등을 전문적으로 처리하는 이들을
가리켜 '데드볼 스페셜리스트'라고 부른다. 특히 아름다운 프리킥을 골로 연결시키는 날카롭고 정확한 킥력을 가진
선수들이 이런 별명으로 불린다. 위대한 킥력은 선수의 가치를 증대시킨다. 제임스 매디슨은 프리미어리그와 잉글랜드를
대표하는 '데드볼 스페셜리스트'다. 그의 커리어 안에는 많은 역사적 장면들이 있지만, 매디슨에게 가장 큰 찬사와 환호가
터진 것이 아마도 '데드볼 스페셜리스트'의 능력을 보여준 순간들이 아닐까 싶다. 매디슨은 "코너킥이든, 프리킥이든,
페널티킥이든 데드볼 상황을 꽤 잘한다고 생각한다. 내 능력에 대한 자신감이 있다"고 밝힐 정도로 프라이드가 컸다.
그렇다면 세계 축구 역사상 가장 위대한 '데드볼 스페셜리스트'는 누구일까? 아직 커리어가 한창인 매디슨을 이 명단 10명
안에 넣을 수는 없지만, 미래에 역사가 매디슨을 이 명단에 포함시킬 가능성은 충분히 있다. 위대한 10명을 소개한다.

PLAYERS

ALESSANDRO DEL PIERO 52 GOALS

이탈리아와 유벤투스의 로맨티스트. 판타지스타. 알렉산드로 델 피에로는 아름다운 움직임으로 상대 수비를
무너뜨리고 골을 넣는 공격수였다. 290골로 유벤투스 역대최다 득점 1위. 그런데 세상 참 불공평하다. 델
피에로는 프리킥까지 잘 찼다. 프리킥으로 총 52골을 성공시켰다. 특히 델 피에로는 프리킥 IQ가 높았다.
골네트 구석으로 정밀한 프리킥을 성공시켰고, 또 수비벽 위, 아래 모두 날카로움을 보였다. 공이 어디로 올지
예상하는 것이 불가능했다. 상대 골키퍼가 두려워할 수밖에 없었다.

ANDREA PIRLO 46 GOALS

델 피에로가 이탈리아 공격수 '데드볼 스페셜리스트'의 간판이었다면, 미드필더에서는 단연 안드레아
피를로다. 킥력과 킥 기술에 있어서는 세계 최고라고 불린 피를로였다. 이탈리아 세리에A 3대장인 유벤투스,
인테르 밀란, AC밀란 3팀을 모두 경험했고, 대표팀으로 2006 독일 월드컵 정상에 섰다. 위대한 커리어에서
빠질 수 없는 부분이 데드볼 상황에서 공을 달콤하게 차는 능력이었다. 피를로는 단거리 프리킥, 장거리
프리킥 모두 능했고, 골뿐만 아니라 데드볼 상황에서 나오는 택배 크로스도 위대함의 한 부분이다.

ZICO 62 GOALS

브라질의 전설. '하얀 펠레'라 불리는 브라질 역사상 최고의 선수이자 최고의 플레이메이커이자, 최고의
프리키커로 평가를 받고 있다. 지쿠는 프리킥으로 62골을 성공시켰다. 브라질 명문 플라멩구 최다
득점자(508골)로, 많은 골을 프리킥으로 만들어 냈다. 현역 시절 유럽 리그에서 많은 시간을 보내지 못했다는
이유로 지쿠는 일부 팬들과 전문가들에게 낮은 평가를 받아야 했다. 하지만 지쿠의 폭발력과 치명적인
세트피스를 봤다면, 이런 평가를 한 사람들은 고개를 숙여 사과해야 할 것이다.

RONALDINHO 66 GOALS

지구인이 아니다. 사람들은 그를 외계인이라 불렀다. 호나우지뉴다. 브라질과 바르셀로나의 외계인. 인간이
하지 못하는 우주의 기술력을 가진 전설. 드리블, 패스, 시야, 슈팅 등 지구에 이런 독보적인 선수는 없었다.
외계인의 미소를 보면, 수비하던 지구인들은 쓰러졌다. 지구인들은 이 선수의 기술력을 보고 충격에 빠져야
했다. 게다가 프리킥 능력까지 겸비했다. 그의 킥은 항상 우아하게 그물로 흘러 들어갔다. 2002 한일 월드컵
잉글랜드와 8강전에서 모두의 예상을 깬, 골키퍼 키를 넘기는 프리킥은 압권이었다.

SINISA MIHAJLOVIC 66 GOALS

세르비아의 폭격기. 이탈리아 AS로마, 삼프도리아, 라치오에서 전성기를 보낸 수비수다. 이 명단에 포함된
유일한 수비수다. 수비수가 정교한 킥력을 가지기 어렵다는 편견을 깬 이가 바로 시니사 미하일로비치였다.
그는 프리킥으로 무려 66골을 터뜨렸다. 미하일로비치는 간단히 말해 장거리 프리킥에서 가장 골을 잘 넣는
선수였다. 대표적인 장거리 프리키커, 브라질의 호베르투 카를루스처럼 무조건 강하게 차는 것이 아니다. 먼
거리에서도 정교하게 찼고, 골대 구석을 갈랐다. 라치오 소속이었던 그는 1998년 12월 삼프도리아를 상대로
프리킥 해트트릭을 달성했다. 이 장면으로 모든 설명이 끝났다.

HALF TIME

DIEGO MARADONA 62 GOALS

정말 모든 것을 다 가진 신이다. 드리블, 패스, 골까지 잘 넣고, 프리킥까지 최고였다. 세계 축구 역사상 가장 위대한 선수 중 하나로 꼽히는 데는 다 이유가 있다. 디에고 마라도나다. 그는 프리킥 능력에 있어서 오히려 손해를 본 선수다. 매혹적인 드리블, 우아한 움직임으로 인해 프리킥 능력이 가려진 대표적 선수다. 다른 볼거리가 너무나 많았기 때문이다. 그럼에도 그의 능력 중 데드볼 능력을 빠뜨릴 수 없다. 특히 마라도나는 먼 거리 프리킥에 매우 뛰어났다. 찰 때마다 공은 골대 상단 구석, 하단 구석에 박혔다. 마라도나가 활동하던 1980년대. 이런 킥력을 가진 이는 마라도나가 유일했다.

CRISTIANO RONALDO 64 GOALS

슈퍼스타 크리스티아누 호날두를 설명하는 데 프리킥을 빠뜨릴 수 없다. 호날두는 단거리, 장거리 프리킥 모두 능했다. 엄청난 파워가 실린 무회전 프리킥은 당대 최고로 꼽혔다. 호날두의 프리킥 명장면 몰아보기가 있을 정도로, 그는 수많은 아름다운 골을 터뜨렸다. 대표적인 장면은 2018 러시아 월드컵 B조 1차전 포르투갈과 스페인의 경기. 호날두의 무회전 프리킥은, 수비가 점프해도 막지 못하는 높이로 가다, 골대 앞에서 뚝 떨어졌고, 골키퍼는 반응도 하지 못했다. 프리킥 골을 포함해 호날두가 해트트릭을 쏘아 올리며 스페인과 싸웠던 명경기였다. 호날두 한 명과 스페인 11명이 싸웠던 명경기.

LIONEL MESSI 66 GOALS

세기의 라이벌. 호날두가 있다면 리오넬 메시도 빠질 수 없다. 호날두가 오른발의 황제였다면 메시는 왼발의 신이었다. 호날두가 강한 무회전 킥이 일품이었다면, 메시는 골대 구석으로 감아 차는 정교한 슈팅이 압권이었다. 메시 역시 수많은 프리킥 명장면을 만들어 냈다. 최고의 장면은 역시나 2018-19시즌 유럽축구연맹(UEFA) 챔피언스리그(UCL) 4강 1차전 리버풀전. 바르셀로나의 메시는 아크 중앙 먼 거리에서 왼발로 때렸고, 공은 아름다운 궤적을 그리며 골대 왼쪽 상단 구석에 박혔다. 세계 최고의 골키퍼 알리송 베커가 몸을 날렸지만, 신의 프리킥은 막을 수 없었다.

DAVID BECKHAM 65 GOALS

오른발의 마법사. 데이비드 베컴을 빼놓고 프리킥을 말할 수는 없다. 잉글랜드 역대 최고의 '데드볼 스페셜리스트'라는 것에 이견이 없다. 베컴은 프리킥으로 수많은 골을 넣었고, 수많은 어시스트를 했다. 베컴의 오른발에서 나오는 정교함은 단연 역대 최고라고 할 수 있다. 베컴의 오른발 세트피스는 맨체스터유나이티드 황금기의 핵심 동력이었다. 베컴 최고의 프리킥. 많은 이들이 한 장면을 떠올린다. 2002 한일 월드컵 유럽 예선 그리스와의 최종전. 1-2로 뒤진 후반 추가시간. 아크 중앙 먼 거리에서 베컴은 오른발로 감아 찼고, 공은 아름답게 휘어지며 골대 왼쪽 상단 구석을 갈랐다. 잉글랜드는 이 골로 월드컵 본선에 직행했다.

JUNINHO 77 GOALS

이 목록에 있는 대부분의 선수들은 축구 선수로서의 다양한 능력 중 하나로 프리키커의 능력이 포함됐다. 그런데 주니뉴는 이 능력이 다른 능력들에 비해 절대적인 선수다. 주니뉴라는 선수 가치를 이야기할 때 프리킥 능력이 가장 높게 매겨진다. 많은 프리키커의 롤모델. 그만큼 프리킥에 있어서 압도적인 선수였다. 올림피크리옹의 전설. 그는 세계 축구 역사상 프리킥으로 가장 많은 골을 넣었다. 무려 77골이다. 이 하나의 숫자만으로도 주니뉴는 1위의 자격이 있다. 근거리, 장거리 가리지 않았다. 파워킥, 무회전킥, 감아차기도 가리지 않았다. 주니뉴가 키커로 나서면, 골문은 열렸다. 주니뉴가 찬 공의 움직임은 그야말로 미쳤다. 미쳐서 춤을 췄다. 골키퍼는 절대 방향을 예상하지 못했다.

03

PL 밖 최고의 영국인 선수가
노리치에 오다

강렬했던 애버딘 임대를 마치고 노리치시티로 돌아온 제임스 매디슨.
2017년 4월 17일 열린 프레스턴전에서 그토록 기다리던 노리치시티
데뷔전을 치렀다. 그리고 보란 듯이 데뷔골을 터뜨렸다. 노리치시티의
3-1 승리. 노리치에서의 밝은 미래를 예약하는 활약이었다. '나를
임대 보냈던 노리치시티, 보고 있나?'라고 외치는 것 같았다.
이어 브라이튼앤드호브알비온, 퀸즈파크레인저스전까지 총 3경기를
연속해서 뛰고, 팀은 3연승을 내달리며 2016-17시즌을 마무리
지었다. 노리치시티는 리그 8위로 시즌을 마쳤다. 이제 매디슨에게
본격적인 노리치시티 주전 경쟁을 펼쳐야 할 시기가 찾아왔다. 당장은
애버딘 임대 연장을 더 바랐던 팀이다. 어떻게 보면 자신이 우겨서
왔다. 달라진 매디슨, 발전한 매디슨을 보여줘야 했다. 그래야만
이곳에서 살아남을 수 있다.
안타깝게도 매디슨은 프리시즌에 발목 부상을 당했다. 위기였다.
노리치시티에서의 입지가 더 줄어들 수 있었다. 하지만 부상이 그의
의지를 꺾을 수 없었다. 매디슨은 노리치에서 살아남겠다는 독을
품었고, 철저하게 준비했다. 하늘은 스스로 돕는 자를 돕는다고 했다.
매디슨은 정말 하늘이 도왔다. 매디슨이 아직은 노리치시티에 뛰기에
충분하지 않다고 판단한 알렉스 닐 감독이 2016-17시즌이 끝나고
전격 경질된 것이다.
후임으로 매디슨에게 하늘과 같은 기회를 선사한, 매디슨 인생에서
빠질 수 없는 하늘이 주신 은사, 다니엘 파르케 감독이 등장했다.
파르케 감독은 닐 감독과 달랐다. 처음부터 매디슨을 확신했다.
가능성을 확신한 것이 아니다. 지금 당장 노리치시티의 핵심 선수로
활약할 수 있다는 것을 확신했다. 그 확신을 행동으로 옮겼다.
2017-18시즌이 개막하기 전 파르케 감독이 한 일은, 노리치시티에서
고작 3경기, 게다가 선발은 1경기만 출전한 매디슨의 재계약이었다.
파격이었다. 매디슨에게 얼마나 큰 확신이 있었는지 알 수 있는
장면이다. 2017년 6월 매디슨은 노리치시티와 4년 재계약에 도장을
찍었다. 2021년까지 매디슨은 노리치시티 선수가 됐다. 매디슨은

소감을 밝혔다.

지난 시즌은 나에게 큰 학습 곡선이었다. 나는 임대를
갔다가 돌아왔다. 단 몇 경기에만 출전했다. 앞으로
기대하고 있다. 나는 항상 우승을 노리는 선수, 최고의
선수, 모두가 이야기하는 선수가 되고 싶다. 그런 면에서
욕심이 난다.

경기 출전에 독을 품었고, 자신을 믿어주는 지도자가
생겼다. 무서울 게 없었다. 매디슨은 뒤도 돌아보지 않고
준비했다. 시즌 개막을 손꼽아 기다렸다.

사람은 항상 더 많은 것을 원해야 한다. 당신이 한 일에
익숙해지면 결코 그 다음 단계로 갈 수 없다. 나는 축구를
사랑하는 선수다. 벤치나 관중석에 앉고 싶지 않다.
노리치시티로 돌아온 이후, 팀의 모든 사람들이 나에게
정말 잘해줬다. 특히 파르케 감독은 나에게 기회를 준
사람이다. 그는 어린 선수를 칭찬하기보다, 우리의 발을
그라운드에 두는 것을 좋아하는 감독이었다. 그의 지도
아래 기회를 잡을 수 있다는 걸 알았다. 나는 자신감이
있는 젊은이고, 파르케 감독이 온 것은 나에게 필요한 작은
지지였다. 파르케 감독의 축구 철학, 방식은 내가 좋아하는
철학과 방식이라는 느낌을 받았다. 나는 뒤를 돌아보지
않았다.

파르케 감독의 확신은 이랬다.

DANIEL FARKE

감독뿐만 아니라 팀 동료들, 구단의 직원들에게도 신뢰를
얻었다. 스튜어트 웨버 노리치 단장의 증언이다.

노리치시티의 요리사 댄 새비니는 항상 매디슨만을 위한
요리를 했다. 매디슨이 자신의 몸상태와 발전을 위한
음식을 주문했기 때문이다. 특히 다리 근육 회복을 위한
음식을 많이 주문했다. 이런 사소한 노력이 매디슨이
노리치시티에서 큰 부상 없이 보낼 수 있었던 이유였다.
매디슨의 변덕스러운 머리, 문신, 그리고 화려한 패션
때문에 많은 사람들이 그가 불성실할 것으로 생각했다.
그러나 매디슨은 훈련장에 차를 주차한 뒤 악수를 하기
위해 경비원에게 걸어간 사람이었다. 관리실의 여성

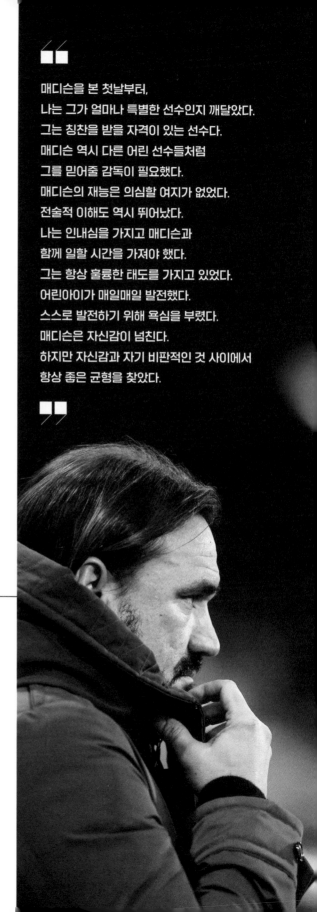

"
매디슨을 본 첫날부터,
나는 그가 얼마나 특별한 선수인지 깨달았다.
그는 칭찬을 받을 자격이 있는 선수다.
매디슨 역시 다른 어린 선수들처럼
그를 믿어줄 감독이 필요했다.
매디슨의 재능은 의심할 여지가 없었다.
전술적 이해도 역시 뛰어났다.
나는 인내심을 가지고 매디슨과
함께 일할 시간을 가져야 했다.
그는 항상 훌륭한 태도를 가지고 있었다.
어린아이가 매일매일 발전했다.
스스로 발전하기 위해 욕심을 부렸다.
매디슨은 자신감이 넘친다.
하지만 자신감과 자기 비판적인 것 사이에서
항상 좋은 균형을 찾았다.
"

직원들에게도 항상 먼저 인사를 했고, 매점에 들어가서는 거기에 있는 모든 사람들과 하이 파이브를 했다. 그리고 훈련장에서 가장 마지막에 나오는 선수가 매디슨이었다. 나는 매디슨의 프리킥이 놀랍지 않다. 연습한 대로 나오는 것이기 때문이다. 일주일에 다양한 각도와 거리에서 20개의 공을 골네트의 가장 위쪽 구석으로 차는 매디슨을 볼 수 있었다. 재능도 있지만, 최고가 되고 싶은 믿을 수 없는 열망을 가진 선수였다.

노리치시티에서 함께 뛰었던 윙어 매튜 자비스는 이렇게 기억했다.

매디슨은 노리치시티로 돌아와 매우 생활을 잘했다. 훌륭한 아이였다. 이곳의 모든 사람들에게 먼저 말을 건넸다. 훈련장에서도, 훈련장 밖에서도 워낙 좋은 사람이었다. 매디슨은 이곳에서 편안함을 느낀 것 같다.

실력에 품성까지 갖춘 매디슨. 확신에 찬 파르케 감독은 매디슨에게 선발 한 자리를 내줬다. 그리고 매디슨이 가장 잘할 수 있는 역할을 부여했다. 가끔씩 4-1-4-1 포메이션에서 중앙 미드필더나 오른쪽 윙어 등을 맡기기도 했지만, 대부분은 매디슨이 가장 선호하는 10번의 역할이었다. 4-2-3-1 시스템에서 매디슨은 공격형 미드필더로 나섰다. 매디슨에게 큰 날개를 달아준 것이다.

나는 파르케 경기의 학생이었다. 많이 배웠다. 그는 어떻게 라인 사이에 머물러야 하는지, 공을 받기 위해 다른 사람들이 보지 못하는 작은 공간이 어디인지, 언제 공을 기다려야 하는지, 얼마나 기다려야 하는지, 최전방 공격수와 함께 언제 높게 올라가야 하는지 등에 대해 자세하게 알려줬다.

넘치는 자신감, 지지하는 감독, 선호하는 포지션. 이렇게 되자, 정말, 정말 놀라운 일이 벌어졌다. 8월 5일 풀럼과 리그 경기에서 시즌을 시작한 매디슨은 8월 8일 열린 EFL컵 스윈던전에서 시즌 2경기 만에 마수걸이 골을 성공시켰다. 팀은 3-2 승리. 이어 9월 26일 미들즈브러와 경기에서 원더골을 터뜨리며 팀의 1-0 승리를 이끌었다. 전반 12분 매디슨은 아크 중앙에서 패스를 받은 후 그대로 오른발 중거리 슈팅을 때렸다. 공은 골대 오른쪽 상단

구석을 시원하게 갈랐다. 골키퍼가 날았지만 헛수고였다. 이 골은 챔피언십 9월 이달의 골로 선정됐다. 이 골을 목격한 파르케 감독의 한마디.

미들즈브러를 원정에서 이기는 팀은 많지 않다. 나는 그 소년에게 찬사를 보낸다.

9월 30일 레딩과 경기에서 또 한 번의 원더골을 작렬시키며 팀의 2-1 승리를 책임졌다. 이 골도 전매특허인 프리킥. 아크 중앙에서 때린 오른발 슈팅은 23m 거리를 아름답게 뻗어나가 왼쪽 골문 상단 구석을 갈랐다. 애버딘 시절 레인저스전 프리킥 골을 연상하게 할 정도의 엄청난 프리킥이었다. 매디슨은 자신이 넣은 그 골에 대해 이렇게 표현했다.

내가 넣은 최고의 골 중 하나다. 챔피언십에 출전하고 경기를 하면서, 나는 매일 새로운 것을 배우고 있고, 끊임없이 내 경기력을 발전시키고 있다. 나는 계속 배우고, 계속 발전하고 있다.

그리고 매디슨의 시즌 최고의 경기, 챔피언십 최고의 퍼포먼스가 펼쳐졌다. 10월 22일 입스위치와 경기. '이스트 앵글리안 더비(East Anglian derby)'로 불리는 최고 라이벌전, 그것도 원정 경기에서 매디슨은 환상적인 골을 넣으며 노리치시티의 1-0 승리를 이끌어 경기 히어로가 됐다. 후반 14분 매디슨은 선제 결승골을 작렬시켰다. 페널티박스 앞에서 패스를 받아, 오른발로 반박자 빠른 깔끔한 슈팅. 공은 골대 오른쪽 구석으로 낮게 깔려 들어갔다. 상대 골키퍼는 움직이지도 못했다. 매디슨의 감각과 재능을 100% 보여주는 골이었다. 이 승리로 리그 원정 4연승 및 9경기 무패 행진, 리그 6위 도약이라는 기록까지 덤으로 얻었다. 매디슨의 완벽한 효과였다. 영국의 유력지 '가디언'은 "입스위치에는 매디슨의 불꽃을 가진 선수가 없었다"고 표현했다. 매디슨은 라이벌전 승리에 할 말이 많았다.

어떻게 표현해야 할지 잘 모르겠다. 내가 출전한 첫 더비다. 특별한 느낌이다. 우리 팬들로부터 추가적인 힘을 얻었다. 치열한 전투였고, 우리는 승리할 수 있는 퀄리티를 가지고 있었다. 우리 팬들이 가족들과 함께

승리를 기뻐하고, 자랑하면서 집으로 돌아갈 수 있게 만든 것. 내가 정말 자랑스럽게 생각하는 일이다. 나는 챔피언십에서 뛸 수 있다는 것을 스스로 증명했다.

'이스트 앵글리안 더비' 승리 후 매디슨의 영향력은 하늘을 찔렀다. 영국 언론들은 '매디슨 센세이션'이라고 표현했다. 상대 팀들 사이에서 매디슨을 잡아야 노리치시티를 잡을 수 있다는 말이 나오기 시작했다. 상대에게는 악몽과도 같은 존재로 각인됐다. 창의적 미드필더의 표본. 챔피언십 최고의 선수를 넘어 잉글랜드 축구계 전체가 주목하는 20세 젊은 유망주로 떠올랐다. 또 축구 팬들의 엄청난 관심과 사랑도 따라왔다. 영국의 '인디펜던트'는 이렇게 표현했다.

매디슨은 PL 밖에 있는 영국 최고의 선수다. 노리치시티의 스타, 새로운 델레 알리다. 리버풀, 토트넘, 맨체스터시티가 매디슨을 수 년 동안 갈망해 온 것은 당연하다. 매디슨은 자신을 정상으로 끌어 올리고 있다. 의심의 여지가 없다. 매디슨은 노리치시티 최고의 선수이자 챔피언십 최고의 선수다. 그 누구보다 많은 기회를 만들었고, 끊임없이 골과 어시스트를 만들어 냈다. 우아하고 날카로운 숫자 10번이 수비수들을 스쳐 지나가며, 박스 가장자리에서 치명적일 수 있다는 것을 지켜보는 즐거움이다.

노리치시티의 동료였던 그레이엄 도란스는 매디슨 센세이션의 이유를 이렇게 설명했다.

매디슨은 올 시즌 자신을 증명하고 있다. 지난 시즌 기회를 얻지 못했지만, 애버딘에서 팬들이 가장 좋아하는 선수가 되어 돌아왔다. 이후 이곳에서도 매우 훌륭했다. 젊고, 기회를 기다리며 준비했다. 지금 매디슨은 목표를 이루고 있다. 매디슨의 재능, 비전, 창의력, 기술력은 의심의 여지가 없다. 매디슨은 우리 경기가 어렵게 진행될 때, 그 경기를 자신이 바꿔야 한다는 것을 알고 있다. 이것은 매디슨에게 도전이었고, 매디슨은 이곳에서 그 역할을 하기에 가장 적합한 선수였다.

급기야 매디슨의 이름을 문신으로 새긴 팬까지 등장하기에 이르렀다. 셰릴 민스라는 이름을 가진 당시 36세 여성 팬은 매디슨 이름 문신의 의미를 이렇게 설명했다.

10살 때부터 노리치시티의 팬이었다. 매디슨은 나의 롤모델이다. 매디슨의 문신을 하고 싶다는 결심을 했고, 매디슨에게 사인을 받으며 이 말을 했다. 매디슨은 문신을 하면 사인 부츠를 주겠다고 했다. 나는 그 선물을 받았다. 매디슨은 앞으로 더 유명해질 것이다. 그때 어린 매디슨이 내 팔에 사인을 했다고 자신 있게 말할 수 있을 것이다. 나는 매디슨의 머그컵, 달력, 시계, 사진들을 가지고 있다. 매디슨은 현재 내가 가장 사랑하는 선수다. 내 아이들도 매디슨을 절대적으로 사랑한다. 매디슨의 모든 것을.

매디슨은 질주를 멈추지 않았다. 그라운드를 밟을 때마다 탄성 소리는 높아졌고, 가치는 올라갔으며, 노리치시티 에이스의 위용은 커졌다. 2017-18시즌, 매디슨은 리그 44경기를 소화했다. 14골을 넣었고, 8도움을 기록했다. 20개가 넘는 공격 포인트를 생산하면서도 패스 성공률은 86%에 달했다. 그리고 컵대회를 포함해 총 49경기를 뛰었다. 매디슨은 도합 15골 11도움이라는 성과를 과시했다. 주전으로 나선 챔피언십 첫 시즌이라고 믿을 수 없을 정도의 놀라운 기록. 이토록 엄청난 기록을 낸다는 것, 미친 매디슨이 아니었다면 불가능했다. 그런데 충격적인 건, 챔피언십 최고의 선수를 앞세우고도 노리치시티 성적이 리그 14위로 추락했다는 것이다. 하지만 매디슨 개인에게 상복이 터진 것은 자연스러운 현상이었다. 챔피언십 영플레이어, 노리치시티 올해의 선수, PFA 올해의 팀 등 팀에서나 리그에서나 최고의 선수로 당당히 인정을 받았다. 상은 받아도, 받아도 좋다. 언제나 좋다. 매디슨도 그랬다.

성공적인 선수가 되려면 중요한 경기에서 큰 목표를 달성해야 한다. 이것만이 당신이 평가를 받을 수 있는 유일한 방법이다. 수상에 지루함을 느낄 수가 없었다. 내가 얼마나 잘했고, 팀에서 어떻게 했는지 보여줄 수 있는 상을 받아 기분이 좋다.

PFA 시상식을 경험한 매디슨은 이렇게 털어놨다.

내가 앉은 옆 테이블에 모하메드 살라가 있었다. 나는 리버풀의 팬이었고, 살라를 존경한다. 또 마르코스 알론소가 있었고, 다비드 데 헤아가 있었다. PL 최고의 선수들이 있었다. 그들은 PL에서 뛰는 이유가 있고, 자격이 있다. 나는 이 선수들을 지켜보는 것이 좋았다.

매디슨의 이 발언은 의미심장하다. 모두가 느낄 수 있다. 더 높은 곳을 바라보고 있다는 것을. 챔피언십보다 높은 곳은 하나밖에 없다. 1부리그, 프리미어리그다. 2017-18시즌 매디슨이 챔피언십 최고의 선수로 군림할 때, 시즌 내내 매디슨 이적설이 터졌다. PL에서 강팀이라면 모두 언급될 정도였다. 그만큼 매디슨에 대한 PL의 관심은 뜨거웠다. 실제로 매디슨은 이런 PL 구단들의 관심을 마다하지 않았다. 그는 솔직했다. 또 숨길 이유도 없었다. 챔피언십 최고의 선수가 된 이상, PL로 진출하고 싶은 야망을 드러내는 건 당연했다. 이적설이 끊이지 않는 시즌 중반, 매디슨은 이렇게 말했다.

모든 축구 선수들은 PL에서 뛰고 싶어 한다. 내 야망 역시 같다. PL에서 뛰는 것이다. 하지만 지금은 이곳에 집중하고 있고, 행복하다. 이 리그에서 내가 할 수 있는 수준을 보여주는 것이 먼저다. 내가 가장 높은 곳에 도착한다면, 최고의 리그에서 뛸수 있기를 바랄 것이다.

파르케 감독도 골치가 아팠다.

우리는 앞으로도 매디슨이 필요하다. 우리는 이적 시장에서 매디슨에 대한 많은 소문과 아이디어, 관심이 있다는 것을 알고 있다. 우리는 이적설을 대처하느라 바쁘다. 매디슨에 관련해 조금 조용해지기를 기대하고 있다.

매디슨과 연결된 팀들을 나열해 보면, 코벤트리시티 때부터 관심을 보였던 리버풀과 토트넘의 이름은 계속 나왔다. 그리고 맨체스터시티, 맨체스터유나이티드, 아스널, 에버턴, 브라이튼앤호브알비온, 사우샘프턴, 웨스트햄, 레스터시티 등이다. 현지 언론들은 어떤 팀으로 갈지 확신하지 못했지만, 확실한 것 하나를 내세웠다. 매디슨이 PL로 간다면 노리치시티 역대 최고 이적료가 등장할 거라는 것. 예상은 빗나가지 않았다. 노리치시티는 매디슨의 상승을 막지 못했다. 너무도 치열했던 매디슨 영입 전쟁의 최종 승자는 레스터시티였다. 노리치시티 최고 이적료 예상도 빗나가지 않았다. 레스터시티는 매디슨 영입을 위해 2,250만 파운드(395억원)를 지급했다. 2018년 6월 20일의 일이었다. 매디슨은 레스터시티와 5년 계약에 서명했다. 노리치시티 역대 최고 이적료 종전 기록은 2018년 1월

허더즈필드타운으로 이적하면서 기록한 알렉스 프리차드의 1,400만 파운드(245억원)였다. 이 기록은 단 5개월 만에 깨졌다. 매디슨은 노리치시티를 떠나며 이런 말을 남겼다.

노리치시티는 나에게 특별한 클럽이다. 이곳에서 보낸 많은 시간, 멋진 추억.

나는 이곳에서 정말 위대한 사람들을 많이 만났고, 이곳에서 나는 세계 정상에 서 있는 느낌을 받았다.

노리치시티에 사는 것부터, 만난 사람들, 팬들까지 사랑했던 내 인생의 일부다.

나는 거짓말을 하지 않는다. 내가 경험한 모든 클럽에 대해 이렇게 말하지 않는다.

이곳에서 보낸 시간을 높게 평가한다. 나에게 정말 훌륭했고, 너무나 좋았고, 팬들도 나를 사랑했다.

특히 나에게 기회를 주고, 그라운드에서 나를 표현할 수 있게 해준 파르케 감독에게 감사하다.

나는 모든 젊은 선수들에게 PL에서 뛰는 꿈을 꾸라고 말했다. 나 자신에게도 다르지 않았다.

이제 노리치시티에서 물러나 팀을 떠나지만 언제가 내가 다시 돌아올 수 있는 곳이기를 바란다.

파르케 감독도 매디슨의 손을 놓아줄 수밖에 없었다. 매디슨이 챔피언십에 머물 선수가 아니라는 것을 알고 있었기 때문이다. 파르케 감독이 할 수 있는 일, 진심으로 매디슨의 진화를 응원하는 것뿐이었다.

매디슨이 떠날 때 우리는 매우 슬펐다. 하지만 클럽의 발전보다 선수의 발전이 더 빠를 때가 있다. 이것은 받아들여야 한다. 노리치시티의 재정적 압박도 있었다. 매디슨은 떠나면서까지도 클럽에 중요한 역할을 해줬다.

이렇게 매디슨은 노리치시티를 떠났다. 한 시즌 만에 챔피언십 무대를 지배했다. 챔피언십 무대는 그에게 좁았다. 더 넓고, 높은 곳으로 당당히 걸어갔다. 매디슨은 또 한 단계 올라갔다. 레스터시티와 PL이 미친 미드필더 매디슨을 기다리고 있었다.

노리치에서 연을 맺은 — 소중한 친구

2019년 3월 16일. PL 레스터시티와 번리의 경기. 아크 왼쪽에서 얻은 레스터시티의 프리킥. 매디슨이 키커로 나섰다. 그는 오른발로 감아 찼고, 공은 골키퍼 손을 스치며 골대 안으로 빨려 들어갔다. 하늘에서는 비가 내리고 있었다. 매디슨은 유니폼 상의를 탈의했다. 그리고 무릎을 꿇고, 하늘에 손짓했다. 팀 동료들은 매디슨을 위로했다. 유니폼 안에 입은 옷에 적힌 문구는 'RIP Sophie I Love You'(편히 잠들어 소피, 사랑해). 상의 탈의는 축구에서 경고가 주어지는 행동이다. 당연히 매디슨은 옐로카드를 받았다. 세상에서 가장 아름답고, 또 슬픈 옐로카드였다. 하늘도 울었다. 카드를 준 주심이 매디슨에게 다가가 어깨를 토닥였다. 그리고 이렇게 말했다.

규정이라서 어쩔 수 없어. 힘내.

소피 테일러. 매디슨과 가장 친한 친구, 가장 소중한 친구, 가장 아름다운 친구다. 둘은 노리치시티에서 인연을 맺었다. 그녀는 매디슨에게 새로운 활력을 불어넣어 준 친구이자 슈퍼스타였다. 첫 만남은 2018년 4월. 그때 소피의 나이 4세였다. 소피는 노리치시티 마스코트 걸로 등장했고, 매디슨과 파트너가 됐다. 소피는 환호했다. 평소 자신이 좋아하던 선수와 짝이 됐기 때문이다. 첫 만남 때부터 소피는 걷지 못했다. 소피의 아버지 알렉스는 자신이 딸을 데리고 그라운드로 나가겠다고 했으나, 매디슨은 오히려 자신의 팔을 내밀었다. 매디슨이 따뜻하게 안고, 그라운드로 나섰다. 아름다운 첫 만남. 소피는 아팠다. 많이 아팠다. 골육종암으로 투병 생활을 하고 있었다. 매디슨을 만나기 3개월 전인 1월, 골육종암 판정을 받았다. 이는 대표적인 난치성 암으로 뼈에 악성 종양이 발생하는 병이다. 소피의 상황을 듣게 된 매디슨은 소녀에게 더욱 많은 시간과 사랑을 주기 시작했다. 연락처를 교환하며 자주 통화했고, 자주 만나 즐거운 시간을 가졌다. 경기장에 초대하는 건 기본, 소피의 건강을 그 누구보다 살뜰히 챙겼다. 소피는 이런 매디슨을 이렇게 불렀다. '나의 가장 친한 친구.' 아버지 알렉스가 바라본 매디슨과 소피의 사이는 이랬다.

매디슨과 소피는 자주 영상 통화를 했다. 정말 웃겼다. 소피는 전화를 기다리면서도 막상 전화가 오면 수줍어했다. 매디슨은 그저 소피와 이야기하고, 함께 시간을 보내는 것을 진심으로 좋아했다. 매디슨이 소피를 위해 한 일은 보여주기식이 아니라, 소피에게 느낀 진정한 사랑이었다. 매디슨은 소피에게 경외심을 가졌다. 소피는 놀랍도록 용감하고 강한 어린 소녀였기 때문이다. 소피 역시 매디슨을 사랑했고, 매디슨을 가장 친한 친구라고 불렀다. 소피는 매디슨을 유명한 축구 선수가 아니라 그냥 자신과 가까운 보통사람으로 대했다.

안타깝게도 이들의 행복한 시간은 오래 가지 못했다. 소피는 골육종암 진단을 받은 지 1년 만인 2019년 1월 18일 매디슨에게 안녕을 고하고 5세의 나이로 하늘나라로 떠났다. 매디슨은 소피가 위독하다는 소식을 듣고, 마지막 2주 동안 정기적으로 최대한 자주 소피를 만나기 위해 찾아왔다. 매디슨은 소피의 장례식에서 추모 연설을 했다.

앞서 언급한 매디슨의 프리킥 골 세리머니 이야기를 이어가면, 이는 소피가 곁을 떠난 후 나온 매디슨의 첫 골이었다. 3개월 동안 매디슨은 골을 넣지 못했다. 지독한 골가뭄에 시달렸다. 그리고 3개월 동안 유니폼 안에 이 문구를 품고 다녔다. 소피가 세상을 떠난 뒤 3개월이 지나 하늘에 있는 친구에게 전할 수 있었다. 매디슨이 자신의 슈퍼스타 소피에게 바치는 골이었다.

이 한 골로 끝나지 않았다. 매디슨은 꾸준히 소피를 떠올렸고, 꾸준히 소피를 챙겼다. 노리치시티를 떠났다고 해서 소피를 향한 마음이 함께 떠나지는 않았다. 매디슨은 소피의 이름을 자신의 팔에 문신으로 새겼다. 영원히 기억하고자 하는 매디슨의 증표였다. 또 매디슨은 소피를 추모하는 자선 행사를 열었다. 기부금 일부는 희귀병 연구를 위해 써달라고, 또 소피와 같은 아픔을 겪고 있는 아이들을 위해 써달라고 내놨다.

유로 U-21 대회에 국가대표로 나설 때는 소피의 얼굴이 그려진 축구화를 신기도 했다. 소피가 좋아하는 핑크 장미도 그려 넣었다. 이 신발에는 이런 메시지가 쓰여 있다. '하늘에 새로운 천사가 있다.' 매디슨은 소피를 이렇게 기억했다.

소피는 내가 만난 사람 중에 가장 강하고, 용감한
사람이다. 나의 작은 천사, 나는 항상 소피를
사랑한다. 소피는 나의 슈퍼스타다. 소피는 수많은
사람들에게 변화를 주었다. 앞으로도 소피는 그녀의
삶을 뛰어넘어 계속해서 그렇게 할 것이다.

매디슨의 사랑, 진심, 그리고 행동에 소피의 아버지
알렉스는 연신 고마움을 전했다.

매디슨은 소피를 진정으로 사랑했다. 우리 가족들은
매디슨과 많은 이야기를 나누고 있다. 그는 다음
목표를 소피에게 바치고 싶다고 말했다. 매디슨은
매우 특별한 축구 선수이자, 매우 특별한 사람이다.
골 세리머니도 우리 가족들에게만 말해줬다.
다른 사람들은 아무도 몰랐다. 그가 한 일에 매우
감동했다. 매디슨은 우리 가족의 일부다.
우리 가족은 모두 그렇게 생각한다.

매디슨이 타투로 새긴

앞서 언급했듯이 제임스 매디슨의 몸에는 타투가 많다.

정말 많아도 너무 많다. 문신광이라고 해도 지나치지 않다. 리오넬 메시 등 많은 스타 선수들이 자신의 몸에 문신을 새긴다. 축구 선수들에게는 이제 꽤나 일반적인 일이다. 저마다 의미를 담은, 개성을 담은, 이야기를 담은 문신을 새긴다. 영원히 지워지지 않는다는 상징성. 그만큼 자신에게 가장 소중한 것을 몸에 남긴다. 특히 매디슨은 몸 전체에 문신이 빼곡하다. 매디슨은 문신을 즐겨하고, 문신의 상징성을 좋아하며, 문신에 대한 집착이 있는 선수다. 허투루, 의미 없이 새긴 문신은 없다. 전부 매디슨에게는 소중한 메시지를 담았다. 커리어를 쌓아갈수록, 더 발전할수록, 더 많은 영광을 얻을수록, 매디슨의 문신은 하나둘 늘어났다. 즉 매디슨의 문신은 매디슨의 인생을 말해주고 있다. 그렇다면 매디슨은 어떤 문신을 새겼을까? 매디슨의 오른팔에는 상상 속의 우상, 어릴 때부터 광팬이었던 해리 포터 문신이 빼곡하다. 지팡이, 번개 흉터를 포함해 해리 포터 관련 타투가 3개나 새겨져 있다 레스터시티에 이적한 후 새긴 문신도 있다. 귀여운 오렌지색 여우 문신이 있다. 여우 군단 레스터시티에 대한 경의를 표현한 메시지다. 또 레스터시티에서 FA컵 우승을 차지한 후 오른쪽 다리에 FA컵 우승 트로피를 문신으로 기록했다. 그만큼 레스터시티를 사랑했고, 이 클럽을 위해 모든 것을 걸었던 매디슨의 진심을 말해주는 문신이라고 할 수 있다. 또 오른팔에는 로마 숫자 문신이 있다. 이것은 매디슨 인생에서 특별한 날을 기념하기 위해 기록한 것이다.

또 왕관을 쓴 축구공의 문신도 있다. 이는 아름다운 경기를 위한 자신의 의지를 보여주기 위해 표현한 것이다. 왼팔에는 종교적인 메시지가 강하다. 기독교인 매디슨은 왼팔에 십자가 문신 등 대부분 기독교 믿음에 대한 의미를 새겼다. 독실한 크리스천의 이미지와 함께 괴짜 이미지를 풍기는 문신도 있다. 매디슨은 비디오 게임 캐릭터인 크래쉬 밴디쿳과 겨울왕국의 눈사람 캐릭터 올라프를 손에 새기기도 했다. 돈을 벌고 싶다는 의미의 다이아몬드 카드 문신도 있다. 감동적이거나, 가슴 아픈 문신도 있다. 바로 전 에피소드로 이야기를 전한 노리치시티에서 만났던, 매디슨의 가장 소중한 친구, 어린 나이에 세상을 떠난 소녀팬 소피 테일러의 기억도 몸에 새겼다. 소피와 작별한 후 새긴, 진짜 친구의 진심이었다. 매디슨의 목에는 '두려움은 없다'라는 메시지가 있다. 경기장에서 절대 용기를 잃지 않겠다는 의지를 담은 것이다. 매디슨은 토트넘에서도 새로운 이정표를 작성하고 있다. 앞으로 토트넘에서 또 어떤 역사를 이룰지 모른다. 잉글랜드 대표팀에서의 새로운 역사도 기다리고 있다. 때문에 매디슨의 문신도 앞으로 더 늘어날 가능성이 크다. 아니 분명 늘어날 것이다. 매디슨은 자신의 인생에서 의미가 큰일이 일어났을 때, 이정표를 세울 때, 문신이 하나씩 추가됐다. 아직 할 일이 많다. 이루지 못한 것이 많다. 매디슨의 잉크는 마를 수 없다.

그런데 문신할 공간이 점점 더 사라지고 있다.

Enjoy the little things in life because one day you may look back and realize that they were the big things

Believe in yourself when nobody else will

In Leicester City

2018-2023

"

워밍업을 하는데 관중이 가득 찼다.
여기가 프리미어리그라는 생각이 들었다.
챔피언십 수준에서는 경험할 수 없는 많은 것들이 있었다.
나는 이곳에 오기 위해 열심히 노력했다.
나는 PL에 있을 자격이 있다.

"

01

미친 제임스 매디슨이 드디어 PL에 입성했다. 레스터시티는 핵심 미드필더였던 리야드 마레즈가 떠나면서 대체자를 물색했고, 매디슨보다 이에 적합한 선수는 없었다. 매디슨이 레스터시티를 선택하자 PL 최강 팀들의 관심을 외면한 매디슨에게 놀라는 사람들도 많았다. 이유는? 역시나 정기적인 경기 출전이 가장 중요했다.

매디슨에게 클럽의 간판이 중요하지 않았다. 지속적으로 경기에 뛰면서 자신이 발전하는 것이 더 중요했다. 클로드 퓌엘 레스터시티 감독 역시 이 점을 매디슨에게 적극 어필했다. 매디슨이 빅클럽을 따돌리고 레스터시티로 향한 결정적 이유였다. 에이전트 리 로빈슨은 이렇게 기억했다.

레스터시티는 마레즈가 떠나면서 팀을 새롭게 구성하려고 했다.
레스터는 매디슨을 제이미 바디의 완벽한 파트너로 봤다.
퓌엘 감독의 전략이 좋았다.
그는 팀에서 매디슨을 어떻게 발전시킬지에 대한 청사진을 제시했다.
그의 말은 레스터시티에서 정기적으로 경기에 뛸 수 있다는 믿음을 줬다.

1부리그 입성. 3부리그에서 커리어를 시작한 후 딱 5년이
걸렸다. 엄청난 속도로 다음 단계를 밟았다. 레스터시티의
유니폼을 입은 매디슨은 기뻤다. 그동안의 노력과
열정이 인정받는 느낌이었다. 1부리그라고 해서 위축될
매디슨인가. 역시나 자신감이 넘쳤다.

**어렸을 때 내 꿈은 항상 PL에서 뛰는 것이었다. 이제
내 꿈을 이뤘다. 이 환상적인 클럽에서 빨리 시작하고
싶다. 레스터시티가 나의 어떤 플레이를 원하는지 알고
있다. 구단과 대화를 나눈 후 뒤를 돌아보지 않았다.
레스터시티가 나에게 딱 맞는 것 같다. 나는 클럽에 좋은
감정을 가지고 있다. 내 머리와 가슴이 레스터시티로
가라고 했다.**

2부리그 최고의 선수를 품은 퓌엘 감독도 격하게 반겼다.

**매디슨은 영국 축구에서 가장 흥미로운 젊은이다. 그리고
가장 멋진 선수다. 그는 지난 시즌 노리치시티에 큰 기여를
했다. 나는 매디슨이 레스터시티와 함께 PL에 올라서기로
결정한 것에 매우 기쁘다. 매디슨은 공격 3선에서
무언가를 만들어 낼 수 있고, 레스터시티에 더 많은
가능성을 줄 젊은 선수다. 매디슨은 좋은 능력과 더 발전할
수 있는 잠재력을 가지고 있으며, 이는 우리 서포터들을
흥분하게 만든다.**

2018-19시즌이 개막했다. 매디슨에게 PL 적응 시간
따위는 필요하지 않았다. 시즌 첫 경기부터 팀의 핵심이
됐고, 마지막 경기까지 핵심으로 활약을 했다. PL 첫 시즌
매디슨은 주로 왼쪽 윙어 역할을 소화했다. 2018년 8월
10일. 매디슨이 드디어 프리미어리그 그라운드를 밟았다.
1라운드 상대는 전통의 명가 맨체스터유나이티드였고,
경기가 열린 곳이 PL과 유럽 축구의 성지인
올드트래포드였다. 매디슨은 PL 데뷔전에서 '레스터시티에
매디슨이 왔다'를 직접 몸으로 선언했다. 선발 출전해
날렵한 움직임, 인상적인 퍼포먼스를 보였다. 팀은 1-2
패배로 아쉬운 결과를 안았지만 매디슨은 다음을 기대하게
만들었다. 첫 경험. 항상 설렌다. 처음에만 느낄 수 있는
특별한 감정을 느낀다. 영원히 잊을 수 없는 첫사랑처럼.

워밍업을 하는데 관중이 가득 찼다. 여기가 PL이라는

**생각이 들었다. 챔피언십 수준에서는 경험할 수 없는 많은
것들이 있었다. 수많은 TV 중계 카메라까지. 경기장과
경기장 밖까지도 분위기가 달랐다. 나는 이곳에 오기 위해
열심히 노력했다. 나는 PL에 있을 자격이 있다. 나는 'PL
선수다'라고 되새겼다. 챔피언십에서 PL로 온 것은 큰
도약이었다. 모든 사람들에게 내가 할 수 있는 것을 보여줄
자신이 있었다. 겁나지 않았다. 맨체스터유나이티드에
1-2로 졌지만, 나는 이 경기에서 많은 것을 얻을 수
있었다. 시즌 개막전에 올드트래포드보다 더 큰 무대는
없다. 결코 잊지 못할 순간이었다.**

기대감은 바로 현실로 찾아왔다. 2라운드 울버햄튼전.
매디슨은 '세 마리 토끼'를 잡았다. 전반 45분 매디슨은
팀의 두 번째 골을 성공시켰다. 감각적인 오른발 중거리
슈팅, 골대 오른쪽 구석을 가른 골. 매디슨 역사에 기록된
PL 데뷔골. 그리고 팀은 2-0으로 승리했다. 매디슨은 맨
오브 더 매치에 선정됐다. PL 첫 승리, PL 첫 골, PL 첫
MOM, 프라이빗한 미니 트레블이었다.
이후 매디슨은 거침없이 달렸다. 5라운드 본머스전(2-
4)에서 페널티킥을 성공시켰고, 6라운드 허더즈필드전(3-
1)에서는 전매특허인 프리킥 골을 작렬시켰다. 18m
거리는 완벽한 매디슨 존. 이 경기에서도 MOM은 매디슨이

동안에도 수준 높은 경기력을 유지할 것이다.

매디슨의 확신대로 후반기에도 그의 날개는 꺾이지 않았다. 매디슨의 PL 데뷔 시즌은 분명 성공적이었다. 그리고 후반기에 매디슨의 축구 인생에서, 어쩌면 가장 중요한 사건이 벌어진다. 2019년 2월, 퓌엘 감독이 경질되고 브랜든 로저스 감독이 부임했다. 매디슨 커리어에서, 매디슨을 가장 잘 활용했다는 바로 그 감독. 매디슨의 참 스승이 레스터시티로 온 것이다.

매디슨의 날개는 더욱 커졌다. 매디슨은 로저스 체제 아래 31라운드 번리전(2-1) 1골, 33라운드 허더즈필드전(4-1) 1골을 넣으며 인상을 남겼다. 로저스 감독의 지휘 아래 레스터시티도 안정감을 찾았다. 매디슨은 2018-19시즌 총 38경기에 출전해 7골 7도움이라는 준수한 성적을 냈다. 매디슨은 PL 선수로 자격이 충분했다. 레스터시티는 마레즈의 공백을 전혀 느끼지 못했다. 레스터시티는 리그 9위로 시즌을 마무리 지었다.

기록보다 더욱 중요한 것은 매디슨이 레스터시티에서 새로운 음색을 냈다는 평가를 받았다는 점이다. 이는 클라우디오 라니에리 감독의 레스터시티 색깔을 완전히 지웠다는 것을 뜻한다. 라니에리 감독은 2015-16시즌 기적과 같은 레스터시티의 PL 우승을 이끌었다. 아름다웠던 레스터 동화. 하지만 이 아름다움의 추억으로 영원히 살아갈 수는 없었다. 이 추억에서 벗어나 새로운 시대를 준비해야 했다. 너무 강렬하고 아름다운 추억이라 완전한 이별에 용기가 나지 않았다. 라니에리의 향기를 지울 수 없었다. 그 추억에 의존했다. 집착했다. 집착하다 보면 또 그런 영광이 올 것만 같았다.

매디슨이 오면서 완전히 달라졌다. 라니에리 체제의 스타일과 전혀 다른, 새로운 축구가 레스터시티에서 시작됐다. 라니에리 감독 지휘 아래 레스터시티는 수비에 집중을 한 후, 역습을 시도하는 팀이었다. 이것이 가장 진한 색깔이었다. 하지만 매디슨이 온 후 레스터시티는 볼점유율을 높이면서 경기를 주도하는, 오랜 시간 경기를 지배하는 팀으로 변했다. 즉 매디슨이 레스터시티의 축구 철학과 방향성을 통째로 바꿔버린 것이다. 레스터시티 새로운 시대의 출발점이 매디슨이었다는 의미다. 영국 언론은 첫 시즌을 마친 매디슨을 이렇게 표현했다.

차지했다. 7라운드 뉴캐슬전(2-0)에서는 코너킥으로 해리 매과이어의 골을 어시스트했다. 2경기 연속골, 3경기 연속 공격 포인트를 포함해 초반 8경기에서 3골 2도움을 기록했다.

잘할지는 알았지만, 이렇게 빨리 두각을 드러낼지 몰랐다. 이런 활약을 확실하게 예상한 이는, 매디슨 자신이 유일했다. 누가 2부리그에서 막 올라온 선수라고 믿겠는가. 매디슨의 폭발력에 놀랐고, 매디슨의 적응력에 또 놀랐다. 매디슨은 분명 PL에서도 통했다. 스스로 입증했다. 매디슨은 너무나 빨리 레스터시티의 에이스가 됐고, 너무나 빨리 레스터 팬들의 절대적인 사랑을 받는 선수가 됐다.

레스터시티와 계약한 후 모든 것이 훌륭했다. 나는 매우 빨리 정착했다. 지금 이곳이 집처럼 느껴진다. 레스터시티로 오기로 한 결정에 만족했고, 좋은 출발을 했고, 좋은 경기를 했다. 그것이 계속되기를 바란다. 이곳은 PL이고, 강한 팀들이 많지만 우리는 매우 재능 있는 팀이다. 레스터시티는 매우 좋은 선수들이 많다. 베스트 11에 드는 것은 결코 쉽지 않다. 나는 프리시즌에 열심히 노력했다. 좋은 경기력을 보였다. 나는 선발 자격이 있다고 생각한다. 항상 내 능력을 믿고, 효과를 낼 수 있다고 믿는다. 나는 PL에 와서 한 단계 더 발전했다. 남은 시즌

2,250만 파운드짜리 너무 저렴한 보석.

02

레스터시티의 미래가 되다

브랜든 로저스 감독 시대의 본격적인 시작을 알린 2019–20시즌. 로저스 감독의 절대 신뢰를 받은 매디슨은 한 발 더 나아갔다. 첫 시즌 활약으로 더욱 많은 경계와 근접 마크를 받아야 했지만, 매디슨은 더욱 많은 자신감으로 헤쳐 나갔다. 매디슨은 2019년 8월 11일 울버햄튼(0–0)과 1라운드에서 선발 출전하며 확고한 입지를 드러냈고, 2라운드 첼시(1–1)전에서 윌프레드 은디디의 골을 도와 시즌 첫 번째 공격 포인트를 올렸다. 3라운드 셰필드유나이티드(2–1)전에서는 제이미 바디의 골을 도왔다. 8월 28일 뉴캐슬(1–1)과 컵대회에서 시즌 마수걸이 골을 터뜨렸다. 역시나 프리킥 골이었다. 그리고 2019–20시즌 매디슨 최고의 골이 터졌다. 6라운드 토트넘전. 토트넘은 전반 29분 손흥민의 도움을 받은 해리 케인이 선제골을 터뜨렸다. 후반 24분 레스터시티의 히카르두 페레이라의 동점골로 레스터시티는 반격에 나섰다. 피날레는 매디슨이었다. 후반 40분 아크 중앙에서 오른발 중거리 슈팅을 때렸고, 공이 바운드되며 토트넘 골대 왼쪽 구석으로 빨려 들어갔다. 원더골. 레스터시티는 2–1 극적인 역전승을 이뤄냈고, MOM은 당연히 매디슨이었다.

8라운드 리버풀(1-2)전에서 1골을 추가한 매디슨은 10라운드 사우샘턴전(9-0)에서는 9골이나 터지는 골 폭죽 속에 프리킥 원더골을 1골 추가했다. 16라운드 아스톤빌라(4-1)와 경기에서는 2도움을 올리며 팀 승리를 책임졌다. 전반기 매디슨을 앞세운 레스터시티의 상승세는 무서웠다. 레스터시티는 또 다른 레스터 신화를 쓸 수 있다는 기대감을 높였다. 전반기 레스터시티는 리그 2위까지 올라섰다. 특히 16라운드 아스톤빌라전 승리로 구단 최초로 리그 8연승을 내달렸다.

레스터시티의 두 번째 시즌. 매디슨은 레스터시티의 '상징' 제이미 바디와 더욱 완성된 호흡을 보여줬다. 매디슨의 합류로 바디의 컨디션과 경기력도 부쩍 올라갔다. 서로는 서로에게 힘이 되는 선수. 둘의 시너지 효과가 올라가자 레스터시티의 성적과 경기력도 함께 올라갔다. 매디슨이 레스터시티에 잘 녹아들 수 있었던 중요한 이유 중 하나가 바로 바디였다. 매디슨에게 고마운 사람이다.

바디는 더 높은 존경을 받아야 한다. 바디는 세계적인 공격수다. 절대 가볍게 말할 수 없는 존재다. PL에서

득점왕을 차지하는 건 다 이유가 있다. 바디는 모든 종류의 골을 넣을 수 있는 공격수다. 헤더, 일대일, 기술, 축구 지능이 모두 좋다. 어떤 지역, 상황에서도 골을 넣을 수 있다. 나는 공격형 미드필더다. 함께 하고 싶은 유형의 공격수가 바로 바디다. 바디는 축구선수로서의 내 삶을 더 쉽게 만들어줬다. 나는 바디에게 어시스트하는 것을 좋아한다. 바디는 항상 자전거를 타고 있고, 내가 공을 주면 살아난다.

바디도 매디슨에게 감사한 건 마찬가지였다.

레스터시티는 더 이상 나의 득점에 의존하는 팀이 아니다. 우리는 다양한 무기를 가지고 있고, 전술적으로 더 나은 팀이 됐다. 매디슨, 이헤아나초 등이 있다. 모두가 이제는 공을 가졌을 때 전과 다르다는 것을 느끼고 있다. 지금 순위에 걸맞은 수준을 우리가 그라운드에서 보여주고 있다. 우리는 어느 곳에서도 기회를 만들고 있다.

하지만 후반기는 아쉬웠다. 여러 가지 혼란스러운 상황이 이어졌다. 전 세계를 뒤흔든 코로나19에 PL도 직격탄을 맞았다. 팬데믹 여파로 인해 리그가 중단됐고, 그리고 재개했다. 30라운드부터 38라운드까지 9경기에서 레스터시티는 2승 3무 4패라는 성적표를 받았다. 유럽축구연맹(UEFA) 챔피언스리그(UCL) 진출권이 주어지는 4위 입성도 가능했으나 막판 뒷심이 부족했다. 매디슨 역시 시즌 막판 고관절 부상을 당하며 팀에 큰 힘이 되지 못했다. 그러나 시즌 전체로 보면 만족스러웠다. 매디슨은 모든 대회를 합쳐 38경기에 출전했고, 9골 7도움을 올렸다. 레스터시티는 리그 5위로 상승했다. 괄목할 만한 성과였다. 중요한 건 레스터시티가 다음 시즌 유럽축구연맹(UEFA) 유로파리그(UEL) 진출권을 따낸 것이다. PL을 대표해서 유럽대항전에 나선다는 건 의미가 컸다. 매디슨 개인적으로나, 팀적으로나 한 단계 상승한 시즌이었다.

리그 성적 수직 상승. 그리고 유럽대항전 진출. 그 중심의 매디슨. 모두가 인정하는 사실이었다. 레스터시티가 가장 잘 알고 있었다. 그래서 시즌이 끝난 후 레스터시티가 가장 먼저 한 일. 매디슨과의 재계약이었다. 매디슨을 2시즌

지켜본 결과 기대는 확신이 됐다. 부정할 수 없는 팀의 에이스라는 것이 증명됐다.

2020년 8월, 매디슨은 레스터시티와 4년 재계약에 서명했다. 레스터시티의 미래를 매디슨에게 맡긴다는 의미다. 팀 내 최고 수준 연봉도 받게 됐다. PL 2년 차에 매디슨이 해낸 일이다. 또 증명했다. 레스터시티를 선택한 것이 옳았다는 것을. 그는 다음과 같은 재계약 소감으로 포부를 전했다.

레스터시티와 새로운 계약에 서명해 매우 기쁘다. 경기장 안팎에서, 많은 긍정적인 일들이 일어났다. 레스터시티 선수가 된 것은 믿을 수 없을 정도로 신났다. 서포터들은 나에게 믿을 수 없는 힘을 줬다. 이 행복한 시간이 나의 일부가 돼 기쁘다. 올 시즌 우리가 성취한 것은 큰 진보였다. 레스터시티는 앞으로 해야 할 일이 더 많이 남아 있다. 다음 시즌 PL과 UEL에서 둘 다 잘할 수 있다는 것을 보여주겠다. 그렇게 할 수 있는 환상적인 선수들이 레스터시티 라커룸에 있다.

03

첫 우승의 감격을 느끼다

재계약의 힘, 신뢰의 힘, 연봉 상승의 힘은 컸다. 2020-
21시즌 제임스 매디슨과 레스터시티에는 '황금 시대'가
열렸다. 부상을 털고 돌아온 매디슨은 시즌 초반부터 팀의
핵심적인 역할을 해냈다. 제이미 바디가 조금 하락세를
탔지만, 그 틈을 매디슨이 메웠다. 레스터시티가 버틸 수
있었던 힘이었다.

9월 27일 열린 PL 최강이자, 2020-21시즌 챔피언이
된 맨체스터시티와 3라운드 경기가 황금의 시대를 알린
서막이었다. 레스터시티는 최강의 상대로 무려 5골을
퍼부으며 5-2 대승을 일궈냈다. 그것도 맨체스터시티
홈구장인 에티하드 스타디움에서. 당시 펩 과르디올라
맨체스터시티 감독이 PL에서 당한 최악의 패배였다. PL은
거함 맨체스터시티를 격침한 레스터시티에 경악했다.

매디슨은 후반 32분 대승에 1골을 추가하며, 시즌 첫 골을
신고했다. 또 한 번의 아름다운 골이었다. 아크 왼쪽에서
파고들다 오른발 중거리 슈팅. 공은 골대 오른쪽 상단 구석을
아름답게 갈랐다. 이 골은 PL 9월 이달의 골로 선정됐다.
매디슨 생애 첫 PL 이달의 골 수상. 매디슨은 또 한 단계
올라섰다.

이후 상승세를 이어간 레스터시티는 전반기를 리그
3위로 마무리 지었다. 특히 매디슨은 12라운드
브라이튼앤호브알비온(3-0)전에 PL 첫 멀티골을
작렬시키더니, 17라운드 뉴캐슬(2-1), 18라운드
사우샘프턴(2-0), 19라운드 첼시(2-0)에 이어 FA컵 4라운드
브렌트포드(3-1)전까지 4경기 연속골을 터뜨리는 역대급
활약을 펼쳤다. 첼시를 꺾은 날 레스터시티는 리그 1위에
올랐다. 레스터 동화 시즌2에 대한 기대감이 폭발했다.
가히 레스터시티에 매디슨의 시대가 열렸음을 선포하는
장면이었다. 매디슨은 이렇게 선언했다.

**레스터시티가 정상에 있는 것은 운이 좋아서가 아니다.
우리가 열심히 일하기 때문이다. 톱에 있을 수 있는 기회는
우리가 만든 것이다.**

이번 시즌도 후반기가 아쉬웠다. 매디슨은 아스톤빌라(2-1)와
25라운드에서 1골을 추가했다. 하지만 부상을 당했다. 지난 시즌 막판
부상으로 쓰러졌던 상황과 같은 부위, 고관절 부상이었다. 부상에서
회복한 매디슨은 맨체스터시티(0-2)와 30라운드에 복귀했고, 시즌
막판까지 팀에 힘을 보탰다. 레스터시티는 지난 시즌처럼 후반기에
뒷심이 조금 부족했다. 마지막까지 4위 경쟁을 이어갔지만, 결국 5위에
만족해야 했다. 4위 첼시(승점 67점)와 레스터시티(승점 66점)의 승점
차는 고작 1점이었다. 유럽축구연맹(UEFA) 챔피언스리그(UCL) 진출권을
아깝게 놓친 것이다. 레스터시티는 2년 연속 유럽축구연맹(UEFA)
유로파리그(UEL) 진출권을 따냈다. 연속으로 유럽대항전에 나간다는 건,
팀 가치와 선수의 가치 상승을 위해 중요한 과정이었다.
매디슨의 첫 유럽대항전. 2020-21시즌 UEL은 아쉬움이 컸다.
조별리그는 통과했지만, 32강에서 체코의 슬라비아프라하에 무너져
탈락했다. 그렇지만 매디슨 커리어 첫 번째 우승이라는 영광이 찾아왔다.
바로 FA컵이다. FA컵을 앞둔 매디슨은 우승을 직감했던 것일까.

**레스터시티에 오면서 새로운 목표가 생겼다. 이제 나의 가장 큰 목표는
우승 트로피다. 나는 집에 트로피 진열장이 있다. 그런데 거기에 진열된
트로피는 모두 개인상뿐이다. 이제 그곳에 우승 트로피를 진열하고
싶다. 무언가 바뀌어야 한다. 다음 단계로 넘어가 우승을 차지할 수
있기를 바란다. FA컵이 남았다. 레스터시티 훈련장에 가면 2015-
16시즌 리그 우승 사진이 걸려있다. 그 사진을 보면서 나는 느낀다.
우승을 이루고 싶다고.**

레스터시티는 FA컵에서 거침없이 전진했다. 단 한 번의 무승부도
없이 6전 전승으로 우승을 차지했다. 3라운드 스토크시티(4-0),
4라운드 브렌트포드(3-1), 5라운드 브라이튼앤호브알비온(1-0), 8강
맨체스터유나이티드(3-1), 4강 사우샘프턴(1-0), 결승 첼시(1-0)까지
차례로 박살 냈다. 매디슨은 결승전에서도 후반 22분 교체 투입되며
우승에 힘을 보탰다. 레스터시티 구단 역사상 최초의 FA컵 우승이었다.
준우승만 4번(1948-49, 1960-61, 1962-63, 1968-69)이었던 한을
드디어 풀었다. 매디슨의 트로피 진열장에도 드디어 팀으로 해낸
우승컵이 놓였다.
이렇게 매디슨의 레스터시티 세 번째 시즌도 끝났다. 그는 또 발전했다.
또 한 발 앞으로 나아갔다. 해당 시즌 모든 대회 42경기에 출전해 11골
10도움을 올렸다. 커리어 하이 기록이었다. 매디슨은 PL 한 시즌에서
처음으로 두 자릿수 득점을 기록했다. 도움 역시 두 자릿수로 팀 내 최다
도움이었다. 이견이 있을 수 없이, 프리미어리그 최고의 미드필더 중
한 명이었다. 여기서 멈출 매디슨이 아니다. 그는 다음 시즌 더욱 크고,
위대한 무언가를 준비하고 있었다.

04

레스터시티의 왕이 되다

2021-22시즌이 개막했고, 제임스 매디슨은 레스터시티의 '왕'이 됐다. 자신의 축구 커리어 중 최고의 활약을 펼친 시즌이었다. 전성기에서 내려오는 속도가 빨라진 제이미 바디는 한 발 뒤로 물러났고, 매디슨이 가장 앞에 섰다. 레스터시티는 진정한 매디슨의 팀이 됐다.

매디슨은 커리어 두 번째 우승과 함께 시즌을 시작했다. 2021년 8월 7일 열린 PL 우승팀 맨체스터시티와 FA컵 우승팀 레스터시티의 커뮤니티 실드. 매디슨은 선발 출전, 71분 동안 활약하며 팀 승리에 일조했다. 레스터시티는 후반 44분 터진 켈레치 이헤아나초의 페널티킥 결승골로 거함 맨체스터시티를 1-0으로 잡았다.

두 번째 우승에 들떠서일까. 레스터시티 에이스에 대한 견제가 심해진 것일까. 부상 여파일까. 매디슨은 리그가 시작되자 극도의 부진을 경험해야 했다. 커뮤니티 실드를 포함해 매디슨이 출전한 12경기에서 골을 넣지 못했다. 천하의 매디슨이 선발로 나서지 못하는 경우가 자주 발생했던 시기였다. 매디슨을 향한 부정적 시선, 따가운 목소리가 나오기 시작했다.

왜 부진했을까. 매디슨 개인적인 문제보다 브랜든 로저스 감독의 전술을 비판하는 목소리가 더욱 컸다. 새로운 레스터시티 시스템이 매디슨을 가장 큰 피해자로 만든 것이다. 핵심은 투톱으로의 변화. 공격수가 1명에서 2명이 됐다. 매디슨에게는 익숙하지 않은 전술이었고, 이는 매디슨을 불안하게 만들었다.

특히 로저스 감독은 빌드업을 할 때, 매디슨을 거의 레프트백의 위치만큼 내려오게 만들어, 매디슨의 공격력을 약화시켰다는 지적이 있었다. 또 공격 시에도 너무 측면에 고정시켜 매디슨의 장점을 활용하지 못했다고 문제를 제기했다. 전술이 매디슨을 고립시킨 것이다. 로저스 감독의 전술 결정 능력에 꾸준히 의문이 제기된 이유다.

2021년 10월 24일 브렌트포드(2-1)와 9라운드에서 드디어 시즌 마수걸이 골을 터뜨렸다. 그리고 11월 25일 유럽축구연맹 유로파리그 폴란드의 레기아바르샤바전(3-1)부터 2022년 1월 19일 17라운드 토트넘전(2-3)까지 매디슨은 자신이 출전한 11경기에서 8골을 폭발시켰다. 3경기 연속골 다음 2경기 쉬고, 다시 3경기 연속골, 한 경기 쉬고, 다시 2경기 연속골을 넣었다. 2월 24일 UEFA 컨퍼런스리그 덴마크의 란데르스(3-1)를 상대로 시즌 첫 멀티골도 작렬했다. 역대급 미친 퍼포먼스였다. 아무도 매디슨을 막지 못했다.

이런 기세는 시즌 막판까지 이어졌다. 5월 11일 노리치시티(3-0)와 잔여 경기를 시작으로 왓포드(5-1), 첼시(1-1), 사우샘프턴(4-1)과 38라운드까지 4경기 연속골을 넣으며 시즌을 화려하게 마무리했다. 매디슨은 2021-22시즌 모든 대회 통틀어 53경기에 출전했고, 18골 12도움이라는 놀라운 기록을 세웠다. 직전 시즌을 뛰어넘은 자신의 커리어 역대 최고 성적이었다. 3부리그에서도, 2부리그에서도 매디슨은 18골까지 득점하지는 못했다. 매디슨은 팀 내 득점 1위를 차지했고, 17골에 그친 바디를 넘어섰다. 2020-21시즌은 팀 내 도움왕, 2021-22시즌은 팀 내 득점왕. 매디슨은 레스터시티의 진정한 '왕'이 됐다. 레스터시티는 대관식을 진행했다. 매디슨이 2021-22시즌 레스터시티 올해의 선수에 선정된 것이다. 매디슨의 성적이 말해주듯, 경쟁자는 없었다. 매디슨은 사실상 단독 후보, 단독 수상이었다. 왕이 된 기분은 어떨까.

매우 행복하다.
나를 위해 투표해 준 모든 팬들에게 감사하다고 말하고 싶다.
지금 이 상은 훗날 내 커리어가 끝났을 때 되돌아보고 싶은 순간이 될 것이다.
나는 특히 레스터시티, 이곳에 있는 모두와 함께 있어 매우 기쁘다.

비판이 멈추지 않고, 매디슨의 침묵이 이어지자, 로저스 감독이 두 손을 들었다. 로저스 감독은 꽉 막힌 지도자가 아니었다. 매디슨의 영향력이 줄어들자, 로저스 감독은 전술을 바꾸기로 결정했다. 자신의 실책을 인정한 것이다. 그러자 놀라운 현상이 일어났다. 매디슨이 거짓말처럼 살아난 것이다. 모두가 바라던 모습, 그 매디슨이 재등장을 알렸다. 선발의 한 자리도 당연히 매디슨의 차지였다. 그 누구도 이 자리를 탐할 수 없었다.

커리어 역대 최고의 시즌. 아쉬웠던 점은 팀 성적이었다. 커뮤니티 실드 우승으로 산뜻하게 시작했지만, 나머지 대회의 성적은 눈에 띄지 못했다. 레스터시티는 리그 8위로 하락했다. UEL은 조별리그에서 탈락했고, 디펜딩 챔피언으로 나선 FA컵은 32강에서 짐을 싸야 했다. 그나마 UEFA 컨퍼런스리그 4강 진출로 아쉬움을 조금 달랠 수 있었다.

세계 축구 역사상
가장 위대한
공격형 미드필더

제임스 매디슨 최적의 위치, 그가 가장 잘할 수 있는 포지션은 공격형 미드필더다. 흔히 얘기하는 10번 자리다. 그렇다면 세계 축구 역사상 가장 위대한 공격형 미드필더는 누구일까? 앞으로 매디슨이 따라가야 할 길, 위대한 길을 먼저 간 위대한 선배들이다. 최고의 공격형 미드필더를 가진 팀은 세계 최강의 팀이 될 수 있었다. 축구 역사상 최고의 10명을 소개한다.

Luis Suárez

리버풀, 바르셀로나의 전설 루이스 수아레스가 아니다. 그는 최전방 공격수다. 공격형 미드필더로서 위대한 전설로 이름을 남긴 이 역시 이름은 루이스 수아레스. 스페인산 미드필더다. 세계 최고의 스페인 출신 미드필더의 서막을 알린 선구자와 같은 인물이다. 1960년대를 풍미한 수아레스는 바르셀로나와 인테르밀란에서 전성기를 보냈고, 인테르에서 유럽축구연맹 챔피언스리그 전신인 유러피언컵 2연패 (1963-64, 1964-65)를 달성했다. 1960년 발롱도르를 수상하며 바르셀로나 소속으로 첫 번째 발롱도르 수상 영광을 안았다.

Gianni Rivera

스페인에 수아레스가 있었다면 이탈리아에는 지안니 리베라가 있었다. 이탈리아가 배출한 최고의 패스 마스터다. AC밀란의 전설, 이탈리아 대표팀의 전설이다. 1960년부터 1979년까지 19시즌 동안 AC밀란에서 뛰었다. 총 658경기에 출전해 164골. AC밀란 역대 출장 수 4위다. 세리에A 우승 3회, UCL 우승 2회 등 총 12개의 우승 트로피를 수집했다. 1969년 발롱도르를 수상하며 AC밀란 최초의 발롱도르 수상 역사를 썼다. 이탈리아 대표팀으로 유로 1968 우승을 이끌기도 했다.

Ruud Gullit

네덜란드와 AC밀란의 영웅. 루드 굴리트는 상징적 헤어스타일 레게 머리를 휘날리며 유럽을 지배했다. 1987년부터 1995년까지 AC밀란에서 7시즌을 뛰며, 171경기에 출전, 56골을 기록했다. UCL 3회 우승을 포함해 총 9회 우승을 경험했다. AC밀란에서 프랑크 레이카르트, 마르코 반 바스텐과 함께 오렌지 3총사로 이름을 날렸다. 네덜란드 대표팀 소속으로 유로 1988 우승을 이끌며, 단연 유럽 최고의 미드필더로 군림했다. 1987년 발롱도르 수상은 덤.

Raymond Kopa

프랑스를 대표하는 공격형 미드필더. 1950년대 혜성처럼 등장한, 프랑스 축구에서 처음 유럽을 평정한 슈퍼스타라 할 수 있다. 레몽 코파는 스피드와 드리블, 패스까지 갖춘 완성형 미드필더였다. 코파는 스타드드랭스와 레알마드리드에서 전성기를 보냈다. 레알마드리드에서 UCL 3연패(1956-57, 1957-58, 1958-59)를 함께 했다. 1958 스웨덴 월드컵에서 당시 유럽 축구의 변방이었던 프랑스를 최고 성적인 3위로 올려놨다. 1958년 발롱도르는 코파의 품에 안길 수밖에 없었다.

Andrés Iniesta

안드레스 이니에스타가 등장하자 바르셀로나와 스페인 축구는 황금기가 열렸다. 이니에스타가 절정에 다다르자, 바르셀로나와 스페인 대표팀도 정상에 올랐다. 바르셀로나의 위대한 전설인 그는 바르셀로나 유스팀인 라마시아를 거쳐 2002년 1군으로 올라섰고, 2019년까지 16시즌을 뛰었다. 총 674경기 출전. 바르셀로나 역대 출장 4위의 대기록이다. 이니에스타는 바르셀로나에서 UCL 4회 우승을 포함해 총 29번의 우승을 기록했다. 그리고 세계 최초로 2번의 트레블(2008-09, 2014-15)을 달성한 선수이기도 하다. 스페인 대표팀의 핵심으로 유로 2008, 2010 남아공 월드컵, 유로 2012까지 세계 최초의 메이저대회 3연패를 이끌었다. 남아공 월드컵 결승전 결승골은 그의 커리어 정점이었다.

Bobby Charlton

맨체스터유나이티드가 가장 존경하는 인물, 바비 찰튼이다. 뮌헨 비행기 참사로 몰락 직전까지 갔던 팀을 다시 정상으로 이끌고 간 영웅. 그는 맨체스터유나이티드 유스를 거쳐 1956년 1군에 올라섰다. 이후 1973년까지 17시즌 동안 758경기에 나서 249골을 터뜨렸다. 역대 출장 2위, 득점 2위. 그리고 리그 우승 3회, UCL 우승 1회 등 총 7개의 우승 트로피를 선물했다. 잉글랜드 대표팀에서도 가장 위대한 영웅이다. A매치 106경기에 나서 49골을 넣었다. 역대 출장 3위, 득점 3위. 잉글랜드의 처음이자 마지막 메이저대회 우승컵인 1966 잉글랜드 월드컵 우승컵을 손에 쥐었다. 1966년 발롱도르를 당당히 수상했다. 월드컵 우승, UCL 우승, 발롱도르 수상까지 모두를 가진 선수는 찰튼을 포함해 세계 축구 역사상 단 9명뿐이다.

Zico

축구의 나라 브라질을 빠뜨릴 수 없다. 브라질 역대 최고의 공격형 미드필더라면 단연 지쿠다. '하얀 펠레'라 불린 선수. 발에 레이더가 달렸다는 평가를 받을 정도로 정교한 발을 자랑했다. 패스와 프리킥 모두 최고 수준이었고, 득점력에 있어서도 따라올 자가 없었다. 브라질 명가 플라멩구의 전설. 그는 플라멩구에서 731경기를 뛰며 역대 2위의 출장 기록을 세웠고, 508골로 클럽 역사상 가장 많은 골을 넣은 선수로 역사에 기록돼 있다. 브라질 대표팀으로는 A매치 71경기에 나서 48골을 터뜨렸고, 1978 아르헨티나 월드컵 3위를 기록했다. 남미의 발롱도르라 불리는 남미 올해의 축구 선수상을 3회 수상했다.

세계 축구 역사상 가장 위대한 공격형 미드필더

Michel Platini

1980년대, 남미에 지쿠가 있었다면 유럽에는 미셸 플라티니가 있었다. 그는 낭시, 생테티엔, 유벤투스 등에서 전성기를 보냈다. 유벤투스에서는 1984-85시즌 UCL 정상을 차지하기도 했다. 프랑스 대표팀에서도 화려했다. 플라티니는 프랑스 대표팀을 이끌고 유로 1984 가장 높은 곳에 올랐다. 프랑스 사상 첫 메이저대회 우승컵이었다. 이 대회에서 플라티니는 총 9골을 넣으며 득점왕에 올랐는데, 유로 단일 대회 최다 득점 신기록이었다. 또 1982 스페인 월드컵 4강, 1986 멕시코 월드컵 3위 등 월드컵에서도 경쟁력을 드높였다. 물론 플라티니의 가장 화려한 업적은 세계 최초 발롱도르 3연패(1983, 1984, 1985)였다.

Zinedine Zidane

미셸 플라티니가 프랑스 축구의 성장을 이끌었다면, 지네딘 지단은 그것을 절정으로 도약하게 만든 주인공이다. 1990년대 후반과 2000년대 초반 세계 축구를 지배한 프랑스의 아트 사커. 그 마에스트로가 지단이었다. 지단은 유벤투스, 레알마드리드에서 전성기를 보내며 클럽 축구를 정복했다. 2001-02시즌 UCL 우승을 차지하며 포효했다. 프랑스 대표팀에서는 1998 프랑스 월드컵에서 사상 첫 우승컵을 조국에 선물했다. 유로 2000까지 제패하면서 세계 축구를 프랑스로 통하게 만들었다. 1998년 발롱도르를 수상했고, FIFA 올해의 선수상은 3회 (1998, 2000, 2003) 차지했다. 은퇴 무렵 나선 2006 독일 월드컵 준우승도 강렬한 인상을 남겼다. 월드컵, UCL, 발롱도르를 모두 가진 축구 역사상 9명의 선수 중 한 명.

Diego Maradona

1980년대. 유독 세계적으로 위대한 공격형 미드필더들이 많이 배출됐다. 남미에는 지쿠, 유럽에는 미셸 플라티니가 있었다. 그러나 남미와 유럽 통합 최고, 그러니까 지구상 최고의 공격형 미드필더는 단 1명이었다. 경쟁자는 없었다. 신의 존재감으로 지배했을 뿐. 바로 디에고 마라도나다. 나폴리의 신, 아르헨티나의 신이다. 세리에A의 약체 나폴리를 사실상 혼자서 우승으로 이끈 신. 1986 멕시코 월드컵에서 원맨쇼로 아르헨티나 우승을 창조한 신. 브라질의 펠레와 함께 세계 축구 역사상 가장 위대한 선수로 꼽히는 전설이다. 스피드, 드리블, 패스, 시야, 킥력까지 모든 것이 완벽한 공격형 미드필더. 마라도나를 막기 위해 세계의 전술가들은 방법을 찾았고, 그 대안으로 압박 축구가 등장했다. 마라도나는 한 명의 슈퍼스타를 넘어 세계 축구의 전술을 바꾼, 세계 축구의 전술적 발전을 이끈 인물이기도 하다. 세계 축구에 미친 영향력은 가히 위대하다.

18人

05

도대체 로저스 감독은
매디슨에게 무슨 마법을 부렸나

모두가 그렇게 말한다. 최고의 제임스 매디슨은 브랜든 로저스 감독이
만들었다고. 매디슨이 커리어를 쌓으면서 많은 감독들의 지도를 받았지만,
로저스 감독 지휘 아래 가장 빛났고, 가장 폭발적이었고, 가장 매력적이었다.
개인 기록도, 팀 성적도, 첫 우승도, 매디슨 커리어 최고는 항상 로저스
감독과 함께였다. 매디슨이 처음으로 잉글랜드 대표팀에 발탁된 것 역시
로저스 감독의 시대에서 일어난 일이다.
물론 시행착오도 있었다. 하지만 로저스 감독은 좌절하지 않고, 연구를
멈추지 않았으며, 다시 새로운 것을 시도하며 매디슨을 성장시켰다. 로저스
감독이 매디슨에게 무슨 마법을 부린 것일까. 로저스 감독 취임 후 매디슨은
주로 4-2-3-1의 2선 공격형 미드필더와 윙어는 물론, 4-1-4-1에서
메짤라 등 볼 컨트롤과 득점력을 돋보일 수 있는 포지션에 배치했다.
주 포지션은 공격형 미드필더였지만, 클로드 퓌엘 감독 체제에서 단순한
공격형 미드필더와는 역할이 달랐다. 더 깊은 지역에서 볼 소유를 주문했고,
볼 배급과 패스, 템포 조절 등 그라운드의 지휘관 역할도 맡겼다. 매디슨은
어디에도 한정되지 않았고, 자유롭게 움직였다. 뛰어난 축구 지능이 있었기에
소화할 수 있었다.
사실 퓌엘 감독 체제의 공격형 미드필더 매디슨은 노리치시티의 공격형
미드필더 매디슨과 크게 다를 것이 없었다. 로저스 감독 체제에서 이런
다양성이 가미되면서 매디슨은 한 층 더 발전했다. 정확한 킥을 활용한
기회 창출은 PL 내 최상위권을 찍을 정도로 최고 수준에 도달했고, 반칙을
끌어내는 빈도도 늘어났으며, 약점으로 지적된 수비 가담 또한 활동량을
효율적으로 가져가며 개선했다.
즉 퓌엘 시대의 매디슨은 중원 깊숙한 지역에서 경기를 풀어가는 스타일이
아닌, 조금 더 위에서 직접적인 득점과 도움에 관여하는 정통적인 10번
스타일이었다. 그러다 로저스 감독을 만나 위치에 크게 구애받지 않은
상황에서, 볼 운반부터, 공격 전개와 득점까지 모두 관여하는 현대 축구에
적합한 공격형 미드필더로 진화하는 데 성공했다.

조금 더 자세하게 살펴보면, 일단 로저스 감독은 매디슨을 공격 2선의 모든 포지션에서 사용을 해봤다. 실험과 개선, 실험과 보완을 반복했다. 4-1-4-1의 윙어로 시작해 4-3-3의 윙어, 4-4-2의 윙어를 포함해, 4-1-4-1의 중앙 미드필더, 4-3-3의 공격형 미드필더, 4-2-3-1의 공격형 미드필더, 그리고 메짤라, 섀도 스트라이커, 플레이메이커, 프리롤까지. 심지어 투톱의 공격수로 내세울 때도 있었다. 실수와 실패를 반복했고, 또 성장 가능성을 찾았고, 더 나은 위치를 발견했고, 이런 과정을 거치면서 매디슨을 앞으로 나아가게 만들었다. 매디슨은 이렇게 기억했다.

훈련 중 로저스 감독이 주는 메시지는 항상 새로웠다. 로저스 감독과 일을 하면서 나는 그가 나에게 무엇을 원하는지 알고 있었다. 경기를 앞둔 훈련에서 이번 경기에서 무슨 역할을 할지 알 수 있었다. 훈련에서 경기에서 뛸 포지션을 깨닫고, 훈련에서 파트너십을 연습했다. 나는 이제 더욱 다양한 역할을 할 수 있게 됐다. 왼쪽에서 뛸 수 있고, 8번으로도 뛸 수 있다. 물론 10번으로도 뛸 수 있다. 모든 포지션에서 뛰었다. 수비적인 측면도 좋아졌다. 나는 아직도 로저스 감독 아래에서 배우고 있다.

이런 과정을 결론은 공격형 미드필더다. 모두가 인정했다. 정확히 말하면 윙어와 공격형 미드필더를 아우르는, 현대형 공격형 미드필더다. 정형화된 윙어에게 거부감이 있는 매디슨은 로저스 감독의 윙어 역할 주문에 반발을 하기도 했다. 레스터시티 팬들도 반발했다. 매디슨이 윙어로 투입되면 볼 공급, 크로스, 득점 찬스가 사라졌다. 때문에 매디슨 본인도, 레스터시티 팬들도, 윙어는 매디슨의 최고의 자리가 아니라고 확신했다. 전문가들도 매디슨을 측면에 고정해 두는 것에 반대했다. 매디슨이 더 많은 공간을 가지고 있어야 더 많은 찬스가 난다고 지적했다. 매디슨의 한 마디.

나는 윙어가 아니다. 나는 10번이다.

로저스 감독 역시 매디슨을 존중했고, 매디슨의 의견에 귀를 기울였다. 또 매디슨의 파괴력이 떨어지는 것도 느꼈다. 이런 상황이 지속되자 영국의 언론들은 '매디슨이 가장 어울리는 포지션은?'이라는 설문조사까지 실시했다.

결과는? 매디슨의 최대 능력을 끌어주는 포지션은 역시나 10번으로 선정됐다.

그래서 로저스 감독은 공격형 미드필더로 주로 기용을 했다. 하지만 언제나 매디슨이 원하는 자리로 나설 수는 없었다. 때로는, 상대에 따라 필요하면, 윙어로 배치됐다. 단 정통 윙어가 아니었다. 중앙까지 마음대로 공간을 활용할 수 있는, 로저스표 윙어였다. 그러자 매디슨도 만족했다.

로저스 감독이 나에게 왼쪽 윙으로 경기를 하라고 할 때도, 그는 내가 라인 사이를 자유롭게 이동할 수 있는 자격증을 준다. 로저스 감독은 내가 윙어 역할이니, 왼쪽 터치라인을 사수하라고 강요하는 그런 유형의 지도자가 아니다. 우리 팀에는 벤 칠웰이라는 매우 공격적인 왼쪽 풀백이 있다. 내가 안으로 들어와서 공간을 넓게 쓰고 있으면, 칠웰이 내가 남겨둔 왼쪽 공간을 먹어 치운다. 그렇게 해주면 나는 더욱 자유롭게 중앙에서 공간을 활용할 수 있다.

매디슨에게 자유로운 이동 자격증을 발급해 준 로저스 감독. 하지만 이 자격증으로도 마음대로 할 수 없는 것, 통제되는 것이 하나 있었다. 바로 수비 가담이었다. 매디슨은 커리어를 쌓아오면서 가장 큰 약점으로 지적된 것이 수비 가담이었다. 로저스 감독은 매디슨의 최대 단점을 보완해 주고 싶었다. 윙어로 나서든, 공격형 미드필더로 나서든 수비 가담에 소홀히 한다면 불호령이 떨어졌다.

나는 로저스 감독 지휘 아래 프리롤만 소화할 수는 없었다. 8번으로서 수비적인 책임을 가지고 있었다. 다른 공간에 수비가 비면 내가 가서 수비를 해야 했다. 수비에도 최선을 다했다.

매디슨도 느꼈다. 로저스 감독 아래에서 자신이 발전하고 있다는 것을. 때문에 로저스 감독을 절대 신뢰하며 따라갔다. 수비 기여도도 몰라보게 좋아졌다. 글로벌 통계 업체 '옵타(Opta)'는 레스터시티에서 성장한 매디슨을 이렇게 평가했다.

매디슨은 만능선수다.
그의 볼 소유와 활동량은 레스터시티에서 번창했다.
매디슨은 10번으로 가장 편안하다.
공격적인 부분에서 움직일 수 있는 자유를 가지고 경기한다.
팀의 주요 창조적인 역할을 부여 받았다.
4-3-3에서 10번에서 8번으로 전환을 훌륭하게 이룰 수 있다는 것도 증명했다.
그는 레스터의 크리에이터다.
모든 것이 매디슨을 통해 진행됐다.
팀을 향상시키는 선수다.
레스터시티에서 매디슨이 있고, 없고의 차이는 크다.
매디슨이 선발로 나섰을 때,
레스터시티의 경기당 득점은 두 배가 됐다.
PL에서의 품질이 입증됐다.

OPTA

매디슨의 우상은 여전히 크리스티아누 호날두다. 하지만 레스터시티에서 롤모델로 삼은 선수는
따로 있었다. 바로 맨체스터유나이티드의 브루노 페르난데스였다. 자신과 비슷한 역할을 맡았고, 잘
소화했다. 매디슨은 더욱 수준 높은 경기력을 위해 페르난데스의 움직임을 공부했다.

페르난데스가 맨유에서 맹활약을 펼치면서, 골과 어시스트를 하는 것을 보고 공부했다. 내가
레스터에서 하는 역할과 비슷했다. 그의 움직임을 공부하기 위해 페르난데스의 영상을 낱낱이
지켜봤다. 어떻게 하면 저렇게 많은 골을 넣을까. 어떻게 움직이면 저렇게 많은 도움을 할 수 있을까.

놀라운 성장을 이끈 로저스 감독. 그의 평가는 이렇다.

나는 매디슨에게 깊은 인상을 받았다. 매디슨의 적응력은 엄청나다. 그는 훌륭한 축구 두뇌를
가지고 있고, 기술적으로 수준급이며, 모든 사람들이 그가 창조하는 기회를 봤다. 매디슨은 많은
포지션을 소화했다. 항상 전술적으로 발전했다. 최전방과 중원을 넘나들며 활약했고, 정말 수준 높은
플레이를 펼쳤다. 오른쪽에서 득점을 했고, 왼쪽에서 질주하기도 했다. 중앙에서 공간도 찾아냈다.
전진 패스를 하고, 볼을 소유할 수 있다. 그에게 공이 가면 편안하다. 수비를 풀어줄 수 있는 특별한

재능도 가지고 있다. 모든 포지션에 자신감이 넘쳤다. 매디슨은 분명히 중앙에서, 공격형 미드필더로 최고의 선수다. 하지만 그의 기술적인 능력과 포지션 인식은 매디슨을 다양한 포지션에서 성공하게 만들었다. 매디슨은 시간이 갈수록 경기력이 올라갔고, 팀에 자신감을 줬다. 매디슨은 꾸준히 자신이 PL 최고의 선수라는 것을 보여주고 있다. 아직 우리는 매디슨의 최고를 보지 못했다.

훗날 매디슨이 2022 카타르 월드컵 최종 엔트리에 발탁됐을 때, 로저스 감독은 이렇게 감탄했다.

가레스 사우스게이트 감독이 매디슨의 재능을 이용할 수 있게 돼 기쁘다. 그의 수준과 꾸준함, 그리고 직업윤리까지, 매디슨은 PL 최고의 선수 중 한 명이라는 것을 증명했다. 잉글랜드 대표팀은 매디슨 없이는 가고 싶은 곳으로 갈 수 없을 것이다. 매디슨은 분명 잉글랜드 대표팀에 인성, 정직, 열정을 가져다줄 것이다. 경기에 엄청난 영향력을 미칠 것이다. 잉글랜드는 경기를 발전시킬 수 있는 최고의 선수를 가졌다. 매디슨은 멈추지 않을 것이다. 잉글랜드는 축복을 받고 있다.

06

PL 빅6가 증명한 매디슨의 가치

2부리그 때도 멈추지 않았던 이적설. 1부리그에서는 차원이 달랐다. 2부리그 때는 관심을 가지면서도 확신이 없었다. 그러나 1부리그에서 맹활약을 펼치자, PL 빅클럽들은 100% 확신을 가졌다. 확신의 효과는 엄청났다. 그야말로 매일 매일 제임스 매디슨 이적설이 쏟아졌다. 2018년부터 2023년까지. 레스터시티 데뷔 시즌부터, 떠날 때까지 이적설이 멈추는 날이 없었다.

PL 모두가 매디슨을 주시했다고 해도 과언이 아니었다. PL을 대표하는 감독 대부분이 매디슨 팬이라는 사실을 고백했다. 경쟁은 치열해졌고, 몸값은 높아졌으며, 이적설은 더 뜨거워졌다. 매디슨은 상대 팀과 싸웠고, 또 이적설과 싸워야 했다. 브랜든 로저스 감독도, 구단도 이 전쟁에 동참하지 않을 수 없었다. PL 빅6라 불리는 팀. 맨체스터시티, 맨체스터유나이티드, 아스널, 리버풀, 첼시, 토트넘. 우승을 원하고 최강의 스쿼드를 항상 꿈꾸는 이들이 모두 매디슨을 원했다.

PL의 순리. 빅6 아래에 있는 팀에 속한 좋은 선수는 자연스레 빅6의 주목을 받는다. 그리고 빅6는 그 선수를 빼앗아 더 강한 팀이 된다. 빅6의 위용을 잃지 않는 방법이다. 매디슨도 그랬다. 빅6 클럽 중 단 한 팀도 빠짐없이 매디슨을 주시했다. PL 빅6가 매디슨의 가치를 증명한 것이다. PL 최고의 선수로 인정을 받았다는 결정적 장면이다.

가장 가까이 다가섰던 팀, 가장 적극적이었던 팀은 아스널이었다. 매디슨은 어렸을 때 아스널 팬이었다는 것을 고백한 적이 있다. 아스널도 매디슨을 원했다. 아스널은 매디슨을 잠재적 이적 대상으로 거의 숭배했다. 몇 년 동안이나. 아스널 팬들도 매디슨이 올 것이라 느끼고 있었다. 특히 2020–21시즌이 끝나고 매디슨이 아스널로 간다는 루머는 기정사실로 받아들여졌다.

하지만 여러 가지가 빗나갔다. 레스터시티는 매디슨의 이적료로 6,000만 파운드(1,052억원)에서 최대 8,000만 파운드(1,403억원)를 요구했는데, 아스널은 큰 금액을 지급할 여건이 되지 않았다. 이적료 조정을 요청했고, 스왑딜을 추진했으나, 레스터시티가 거절했다. 아스널 출신 공격수 케빈 캠벨은 아스널이 매디슨 영입에 실패한 이유를 이렇게 설명했다.

아스널이 매디슨을 영입하면 다음 단계로 올라갈 수 있을 것이다. 매디슨과 같은 선수가 아스널의 레이더에 잡혔다는 건 정말 흥분되는 일이다. 아스널은 수년째 매디슨을 쫓고 있다. 그런데 레스터시티가 미친 돈을 요구하고 있다. 매디슨이 매우 좋은 선수라는 것을 알지만 7,000만 파운드(1,228억원)는 너무 비싼 돈이다. 아스널은 가격을 조금이라도 낮추려고 노력할 것이다.

사실 돈보다 더욱 결정적 이유가 있었다. 가장 핵심적인 변수는 마르틴 외데고르의 존재였다. 2020–2021시즌 겨울 이적시장에서 외데고르는 레알마드리드에서 아스널로 임대를 왔다. 아스널은 큰 기대를 하지 않았다. 레알마드리드에서 성공하지 못한 선수였기 때문이다. 그런데 외데고르는 총 20경기 출전했고, 2골 2도움을 올렸다. 평타 이상은 쳤다. 이제 레알마드리드로 돌아갈 때. 외데고르는 매디슨과 포지션이 겹친다. 매디슨이 올 차례였다. 하지만 아스널은 외데고르를 직접 써보고 확신을 가졌다. 아스널은 2020–21시즌이 끝난 후 외데고르 완전 영입 결정을 내렸다. 대반전이었다. 매디슨의 몸값보다 절반 가까이 낮췄다. 매디슨이 아스널에 올 자리가 사라진 것이다. 아스널 팬들은 당황했다. PL에서 최고의 활약을 펼치고 있는 매디슨을 애타게 기다렸는데, 대신 서명한 선수가 레알마드리드에서 실패한 외데고르였기 때문이다. 당시 분위기는 그랬다.

현존하는 세계 최고의 명장 펩 과르디올라 맨체스터시티 감독도 매디슨을 원했다. 그는 매디슨의 열렬한 팬이라는 진심을 숨기지 않았다. 맨체스터시티는 10대 때부터 매디슨을 주시한 대표적인 클럽이다. 과르디올라 감독은 자신의 4-3-3 포메이션에 가장 적합한 공격형 미드필더로 매디슨을 바라보고 있었다. 과르디올라 감독은 매디슨이 레스터시티에 온 직후, 더욱 강렬하게 주시했고, 몇 번의 영입 시도가 있었다. 중동의 오일 머니 지원을 받는 부자 구단 맨체스터시티는 매디슨 몸값으로 7,000만 파운드까지 준비했다는 소식이 전해졌다. 가장 근접했을 때가 아스널과 마찬가지로 2021년이었는데, 매디슨 영입에 실패한 맨체스터시티는 매디슨의 라이벌이자 절친 잭 그릴리쉬를 영입했다. 매디슨 영입을 시도하고 있을 당시 후안마 리요 맨체스터시티 수석코치는 매디슨을 이렇게 평가했다.

매디슨은 창의적인 선수다. 수비와 미드필더 사이 공간에서 볼을 받을 수 있는 선수 중 가장 영향력이 크다. 시야가 넓고, 동료 위치를 미리 확인한 후 의미 있는 패스를 찔러 넣는다. 매디슨이 의미 없는 백패스를 하는 것을 본 적이 없다.

맨체스터유나이티드도 매디슨 영입에 달려든 팀이다. 매 시즌 꾸준히 접촉했다. 특히 올레 군나르 솔샤르 감독이 매디슨의 광팬이었다. 솔샤르 감독이 맨유의 정식 감독이 된 2019년, 타깃 1순위가 매디슨이라는 보도가 나왔다. 또 매디슨 행선지로 가장 유력한 팀으로 선정되기도 했다. 에드 우드워드 맨유 최고 경영자(CEO)도 솔샤르 감독과 같은 마음이었다. 맨체스터유나이티드 부활의 핵심으로 매디슨을 바라봤다. 그들이 책정한 가격표는 6,000만 파운드. 맨유도 매디슨을 결국 놓쳤다. 매디슨을 포기한 맨유는 독일 도르트문트로 시선을 돌렸다. 그리고 영입한 선수가 제이든 산초였다. 위르겐 클롭 리버풀 감독의 시선도 크게 다르지 않았다. 리버풀 역시 매디슨을 간절히 원한 팀 중 하나다. 리버풀은 에이스로 활약한 필리페 쿠티뉴가 2018년 바르셀로나로 떠나자, 새로운 에이스가 필요했고, 매디슨을 주시했다. 리버풀에서 총 17시즌, 737경기를 뛰며 리버풀 역대 최다 출장 2위의 전설 제이미 캐러거는 당시 리버풀에게 강력한 목소리를 내며 매디슨 영입을 촉구했다.

매디슨은 정말 인상적인 선수다. 리버풀은 매디슨을 영입해야 한다. 매디슨은 리버풀을 한 단계 더 끌어 올릴 수 있는 선수다. 매디슨을 영입하려면 많은 돈이 들겠지만,

리버풀이 발전하고 싶다면, 매디슨을 봐야 한다.

첼시도 빠질 수 없었다. 첼시 역시 매디슨에게 명백한 관심을
보였다. 토마스 투헬 감독이 첼시를 이끌 때였다. 첼시가
제시한 몸값은 5,100만 파운드(895억원)였다. 첼시는 중원
보강을 원했고, 매디슨은 투헬 감독이 선호하는 유형의
미드필더였다. 투헬 감독은 공격수 뒤에 2명의 공격형
미드필더를 배치하는 것을 좋아하는 지도자였다. 매디슨에게
딱이었다. 첼시는 메이슨 마운트, 카이 하베르츠, 하킴 지예흐
등과 함께 호흡을 맞출 또 한 명의 미드필더가 필요했다.
완벽한 스쿼드를 구성하기 위함이었다. 하지만 첼시의 바람도
이뤄지지 않았다.
마지막으로 토트넘이다. 토트넘은 아스널, 맨체스터시티와
함께 코벤트리시티 시절부터 매디슨을 추적, 감시해온
팀이다. 모두가 알다시피 매디슨은 2023년 레스터시티를
떠나 토트넘으로 이적했다. 매디슨 영입 전쟁 최종 승자는
토트넘이었다. 토트넘 이적 스토리는 후반부에 자세히
소개하겠다. 시즌 내내, 단 한 시즌도 빠지지 않고 이적설이
끊이지 않자, 매디슨은 확실히 선을 그었다. 그는 정말
레스터시티를 떠날 생각이 없었다. 레스터시티가 너무 좋았다.
그래서 거의 매 시즌 똑같은 말만 했다. 레스터 3년 차에 그가
낸 목소리다.

나는 레스터시티에서 행복하다. 나는 레스터시티에 만족한다.
2년이라는 시간이 흘렀고, 나는 레스터시티에서의 매 순간을
사랑했다. 나는 레스터시티에 있는 것이 편안하다. 나는
레스터의 가족이다. 동료들을 사랑하고, 팬들을 사랑하고,
훌륭한 감독이 있다.

매디슨 이적설에 지친 로저스 감독 역시 공개적으로 목소리를
냈다. 로저스 감독도 매 시즌 이런 말을 반복할 수밖에 없었다.

매디슨에 대한 많은 루머가 나온다. 이것은 매디슨의 재능이
뛰어나고, 지금 매우 잘하고 있다는 의미다. 대단한 일이다.
하지만 레스터시티가 그를 팔아야 하는 압력도, 이유도 없다.
매디슨은 이곳을 떠나지 않을 것이다. 확실하다. 구단이
사업을 하고 싶을 수 있다. 사업적인 측면에서 이상적일 수
있지만, 이는 우리가 착취당할 것이라는 걸 의미하지 않는다.
나는 레스터시티 최고의 선수를 잃고 싶지 않다. 매디슨은
여기에 남아 우리와 여정을 함께 할 것이다.

07

최악의 이별,
비난받을 용기

모든 이별은 불편하지만, 이별하고 싶지 않은데
강제로 이별해야 할 때, 이는 최악의 이별이다.
제임스 매디슨이 최악의 이별을 경험해야 했다.
너무나 쓰라린 상처, 죄책감 그리고 영원히 속죄하며
살아가야 하는, 마치 역사의 죄인처럼 되어버렸다.
그리고 새로운 곳으로 떠났다.

2022-23시즌이 개막했다. 시작부터 레스터시티는
최악이었다. 시즌 초반부터 그들의 운명을 직감할 수
있었다. 그들은 승리를 잊어버렸다. 승리하는 방법을
찾지 못했다. 2022년 8월 7일 열린 브렌트포드와
개막전. 레스터시티는 2-2 무승부를 거뒀다.

이후 레스터시티는 6연패에 빠졌다. 아스널(2-
4), 사우샘프턴(1-2)전에 매디슨은 2경기 연속골을
넣었지만, 팀을 승리로 이끌기에는 역부족이었다.
이어 첼시(1-2), 맨유(0-1), 브라이튼(2-5), 토트넘(2-
6)까지 레스터시티는 추락했다.

9라운드 노팅엄포레스트전. 레스터시티는 드디어 첫
승을 이뤄냈다. 매디슨이 해냈다. 매디슨은 전반 25분,
35분 연속골을 넣으며 팀 승리를 이끌었다. 환상적인
프리킥 골을 선보였다. 도움도 1개 추가했다. 레스터
시티는 4-0으로 승리했다. 시즌 첫 승을 선물한
매디슨은 홈팬들에게 기립박수를 받았다. 브랜든
로저스 감독은 안도의 한숨을 내쉬었다.

**솔직히 말해서, 첫 승이 너무 오래 걸렸다. 우리는
이전에 이겼어야 했다. 힘든 시간을 보냈다. 오늘
우리는 경기의 강도와 압박이 빼어났다. 시즌 첫
번째 무실점에 성공했다. 선수들에게 좋은 밤이고,
지지자들에게 훌륭한 밤이다. 첫 승의 결과를 얻었고,
이런 흐름을 계속 추진해 나갈 것이다. 그렇다면
시즌을 바꿀 수 있다. 그 시작이 이 경기라고 말하고
싶다.**

이후 조금씩 반등 동력을 찾은 레스터시티. 하지만 완벽한 반전은 이룰 수 없었다. 전반기에
가까스로 중위권을 유지했다. 그나마 매디슨마저 없었다면 더욱 깊은 나락으로 빠질 수
있었다. 로저스 감독은 후반기 반등을 약속했다.

**PL에는 강한 팀들이 많다. 마지막까지 모든 팀들이 치열하게 싸울 것이다. 우리가 후반기에
몇 번의 경기에서 승리한다면, 높이 점프할 수 있다. 우리의 목표는 그렇다. 후반기에
상위권으로 진입할 것이다.**

로저스 감독의 목표는 이뤄지지 않았다. 후반기가 시작되자, 레스터시티의 하락세는 더
짙어졌다. 17라운드 뉴캐슬전 0-3 패배를 시작으로 20라운드 노팅엄포레스트전까지 내리
4경기를 졌다. 21라운드 브라이튼전 2-2 무승부까지 5경기 연속 무승(1무 4패)을 이어갔다.
그러나 반전하여 22라운드 아스톤빌라(4-2), 23라운드 토트넘(4-1)을 상대로 2연승을
거뒀다. 매디슨은 2경기 연속골을 넣었다. 매디슨이 멱살을 잡고 팀을 끌고 갔다. 하지만
시즌 첫 2연승도 반전의 힘으로 작용하지 못했다. 더욱 참혹한 실패가 기다리고 있었다.
24라운드 맨체스터유나이티드전 0-3 패배를 시작으로 29라운드 크리스탈팰리스전 1-2
패배까지 6경기에서 레스터시티는 1무 5패라는 참혹한 성적표를 받았다. 레스터시티는
무언가 자극이 필요했다. 그래서 결정했다. 누구나 쉽게 예상할 수 있는 방법. 구단은
로저스 감독을 전격 경질했다. 매디슨은 참 스승을 잃었다. 딘 스미스 감독이 임시로
지휘봉을 잡았다. 매디슨은 너무나 감사했던 스승에게 이별사를 보냈다.

고마웠다. 나에게 최고의 감독이었다. 그보다 더 중요한 것은 로저스 감독은 훌륭하고 배려심 많은 사람이었다는 것이다. 축구뿐만 아니라 축구 외적으로도 나의 커리어와 삶에 당신은 큰 영향을 줬다. 나는 영원히 감사할 것이다. 당신의 미래에 행운을 빈다.

감독 경질 충격 효과도 없었다. 감독이 바뀐 후 첫 경기, 순연 경기 아스톤빌라와 경기에서 1-2로 무너졌다. 레스터시티는 19위로 추락했다. 이후 30라운드부터 38라운드까지 9경기에서 레스터시티는 2승 3무 4패를 기록했다. 30라운드 본머스와 경기에서 0-1로 패배, 매디슨은 참혹한 표정으로 이렇게 인터뷰했다.

정말 힘든 상황이다. 여러분이 상상할 수 있듯이, 현재 우리는 매우 저조하다. 이번 경기가 중요한 경기인 것을 알았고, 우리는 다른 어떤 것으로도 꾸미려고 하지 않았다. 오직 이기려고 노력했다. 정말 이기기를 원했다. 정말 열심히 노력했다. 오늘과 내일은 슬퍼하겠다. 그 다음 다시 돌아갈 것이다.

인터뷰를 마친 후 매디슨은 자신의 트위터 계정을 삭제했다. 강등에 가까워지자, 매디슨의 SNS는 테러의 공간으로 변해 있었다. SNS를 통해 쏟아지는 비난과 폭언을 견딜 수 없었기 때문이다. 그것에 대응할 정신도 없었다. 35라운드 풀럼전 3-5 대패. 마지막 희망마저 날아갔다. 매디슨은 1골 1도움 활약을 펼쳤지만, 팀 패배를 막지 못했다. 레스터시티 팬들은 경기장에서 "너희들은 레스터시티 유니폼을 입을 자격이 없다"라고 외쳤다. 스미스 감독은

한탄했다.

우리 선수들은 나쁜 무리의 젊은이들이 아니다. 우리
선수들은 엄청난 스트레스를 받고 있고, 정신적으로
힘들어하고 있다. 이런 결과를 예상하지 못했다. 좌절감이
더욱 크다.

매디슨의 절망도 더욱 커졌다. 급기야 팀 전체를 비난하는
발언까지 했다. 이 발언이 논란이 되자 다시 해명을 하는
글을 올리기도 했다. 레스터시티는 더 이상 걷잡을 수 없을
정도로 파멸의 길로 접어들었다. 그 논란의 발언과 해명을
모두 담았다.

우리는 경기를 제대로 시작하지 못했다. 우리 선수들은
경기에 이기고 싶은 만큼, 배가 고프지 않았다. 이
말을 왜 비약하는가. 논점을 흐리지 마라. 배가 고프지
않다는 말은 적극적으로 결투를 하지 않았다는 의미다.
선수들이 기본을 하지 못했다는 것이다. 우리가 승리를
원하지 않았거나, 경기의 중요성을 깨닫지 못한다는
의미가 아니다. 오늘 우리는 부족했고, 이것에 대한
비난은 당연하다. 팬들에게 미안하다. 우리는 사과해야
한다. 거울을 봐야 한다. 그러나 우리는 지금 틀어진
것을 바로잡기 위해 마지막까지 노력할 것이다. 우리는
마지막까지 계속할 것이다. 1부리그에 남기 위해 노력할
것이라고 약속하겠다.

매디슨은 다시 제자리로 돌아갈 것이라고, 끝까지 노력해
1부리그에 남을 거라고 약속했지만, 그 약속은 끝내
지켜지지 않았다. 레스터시티의 시즌 최종 성적은 9승
7무 22패 승점 34점. 최종 순위 18위. 강등이었다. 17위
에버턴(승점 36점)과 2점 차로 레스터 동화를 쓴 기적의
팀은 2부리그로 떨어졌다. 매디슨은 2022-23시즌 총
32경기에 출전했다. 레스터시티 이적 후 가장 적은
출전수였다. 개인 기록은 10골 9도움.
레스터시티 선수 중 가장 좋은 모습을 보였다는 것은
부정할 수 없다. 거의 소년 가장이었다. 홀로 빛났다. 이번
시즌 또 팀 내 도움 1위를 차지했다. 세 시즌 연속 두
자릿수 득점에 성공하며 일관성도 인정을 받았다. 하지만
팀의 강등 앞에서 개인 기록은 아무 소용이 없었다. 팀이
몰락했다. 매디슨도 그 책임에서 자유롭지 못했다. 충격적

나는 5년 동안 레스터시티에 있었다.
21세 소년으로 도착해,
26세 성인으로 떠난다.
레스터시티에서 나의 여정은 끝났다.
클럽의 모든 사람들, 팬들, 구단주,
스태프와 훌륭한 관계를 구축했다.
나를 받아주고, 내가 성장할 수 있게 도와준
모든 이들에게 진심으로 감사를 드린다.
나는 결코 그 순간을 잊지 못할 것이다.
나는 레스터시티의 10번으로 사는
매 순간이 자랑스러웠다.
내가 원하는 마지막이 아니었다.
그것은 나에게 영원한 상처를 줄 것이다.
나는 강등이라는 악몽에서
오랜 시간 빠져나오지 못했다.
나 역시 강등의 책임이 있다.
선수로서 타격도 있다.
하지만 우리는 전문가다.
축구는 계속돼야 한다.
자신에게 묻은 먼지를 먼저 털고,
다시 새로운 여행을 시작해야 한다.
나무를 다시 심을 것이고,
레스터시티는 반드시 다시 올라올 수 있다.
나는 그들이 그렇게 할 수 있다고 믿고 있다.
레스터시티는 환상적인 클럽이다.
그들은 나에게 가족이었다.

강등. 모든 이들이 침묵으로 일관할 때, 레스터시티 선수 중 매디슨이 처음으로 입을 열었다. 용기가 필요했다. 비난받을 용기를 매디슨이 가장 먼저 꺼냈다.

레스터시티가 PL에서 강등을 당했다. 정말 충격적이다. 나는 이번 시즌을 돌아보기 위해 약간의 시간을 가졌다. 솔직히 말해서 쉽게 받아들여지지 않는다. 아주 오랫동안 상처를 줄 것이다. 이 상처는 아마도 영원히 우리와 함께 할 것이다. 그러나 삶이라는 것은, 좌절과 실패에서 어떻게 회복하느냐에 관한 것이다. 우리 선수들은 절대로 하지 말았어야 하는 것을, 실패를 했다. 우리는 이에 책임을 지고, 우리의 위치에서, 계속해서 레스터시티를 지지할 것이다.

잔인한 건, 레스터시티가 강등 사투를 벌이는 상황에서도 매디슨의 이적설이 꾸준히 나왔다는 점이다. 오히려 레스터시티의 강등이 유력해지자 이적설은 힘을 더 키웠다. 언론들은 '레스터시티가 강등되면 1번으로 매디슨이 이적할 것'이라고 전망했다. 잔인하지만, 이것이 현실이다. 그들의 예상대로 레스터시티는 강등됐고, 매디슨은 떠났다. 토트넘으로 이적했다.
강등이 되지 않았다면 매디슨은 떠나지 않았을까? 그럴 가능성이 있었다. 레스터시티에 애정이 컸던 매디슨이었다. 하지만 냉혹한 강등의 현실 앞에서 낭만만을 추구할 수는 없었다. 어떻게 PL까지 올라왔는데, 다시 내려갈 수 없었다. 선수의 가치, 경쟁력, 연봉 등 모두를 한 번에 포기할 수 없었다. 특히 매디슨은 잉글랜드 대표팀에 한이 맺혀 있는 상황이었다. 다시 2부리그로 간다면 대표팀과는 영원히 이별이었다.
그래서 매디슨은 큰 상처를 안고 레스터시티를 떠나기로 결정했다. 욕먹을 각오를 했지만, 그 누구도 떠나는 그를 욕할 수 없었다. 물론 강등이 되지 않았어도 매디슨이 이적했을 수도 있었다. 워낙 빅클럽들의 제의가 많았기 때문이다. 확실한 건 매디슨만 알고 있다. 우리가 알 수 있는 확실한 것은 이것뿐이다. 매디슨의 '진심'이다. 그는 진심으로 레스터시티를 사랑했다. 마지막까지 예우와 존중을 지켰다. 매디슨은 이런 말을 남기고 레스터시티와 이별했다.

In Tottenham Hotspur

2023-

> 정말 흥분된다.
> 이제 나는 토트넘의 일부가 됐다.
> 토트넘의 흰색 유니폼을 입을 수 있어 기쁘다.
> 나는 준비가 됐고, 자신감이 크다.
> 이 팀에서 뛸 날을 기다리고 있다.
> 환상적인 경기장에서 빨리 뛰고 싶다.
> 이곳에서 내가 가고 싶은 곳까지 가겠다.

토트넘을 증오했던 소년

제임스 매디슨이 드디어 여기까지 왔다. 3부리그,
2부리그, 1부리그를 넘어, 그 안에서도 PL 빅6까지
도약했다. 2023년 6월 28일, 토트넘은 매디슨 영입을
공식 발표했다. 이적료는 4,000만 파운드(702억원). 계약
기간은 5년. 이적설이 한창일 때 몸값이 최고 8,000만
파운드(1,406억원)까지 급등했던 매디슨, 시장의 평균
몸값은 6,000만 파운드(1,055억원)로 책정됐지만,
4,000만 파운드에 도장을 찍었다. 강등 영향이 컸다.
몸값이 싸질 수밖에 없는 상황이었다. 그리고 토트넘에는
협박, 아니 협상의 달인 다니엘 레비 회장이 있다.
매디슨의 몸값은 그래서 이해할 수 있는 가격이었다.
매디슨의 토트넘 오피셜이 뜨자, 많은 PL 팬들이 깜짝
놀랐다. 빅6가 모두 원한 상황에서, 냉정하게 더욱 강한
팀, 더욱 우승 가능성이 높은 팀이 있었음에도 토트넘을
선택한 것에 놀랐다. 그리고 더욱 놀란 이유는, 매디슨이
토트넘을 저주했던 인물이었기 때문이다. 사람 일은
어떻게 될지 아무도 모른다. 원수가 친구가 될 수 있고,
친구가 원수가 될 수 있다. 과거 자신이 저주했던 팀에서
뛰게 될 줄 누가 알았겠는가. 매디슨은 분명 한두번쯤
'이불 킥'을 했을 것이다.
때는 2012년. 매디슨이 철없던 시절, 15세 질풍노도의
시기. 코벤트리시티 유스의 에이스. 이때 매디슨은
아스널의 팬이었던 것으로 추정되고 있다. 그가 일으킨
사건은 일명 가레스 베일 저격 사건. 매디슨은 토트넘의
전설적 윙어인 베일을 저격했다. 조롱했다. 저주했다.
매디슨은 SNS에 이렇게 선언했다.

**나는 베일을 증오한다. 진정 좀 해, 이 원숭이야. 너 같은
침팬지보다 잭 윌셔가 10배 더 좋아.**

그리고 1년 후, 16살이 된 매디슨은 이렇게 또 한 번 목소리를
높였다. 베일과 토트넘을 저격하는 목소리를.
"루이스 수아레스가 오늘 토트넘을 박살 냈으면 좋겠다.
토트넘을 좋아하지 말라! 특히 모두가 열광하는 원숭이를!"
이 글은 시간이 지나 삭제됐다. 부끄러운 과거를 삭제한 것이다.
철없는 시절 그럴 수 있다. 어떤 선수를 싫어하는 건 자유다.
싫어하는 마음을 표현하는 것도 자유다. 단 토트넘으로 이적했을
때 그 부끄러움과 민망함은 자신의 몫이다. 정말 다행인 것은,
베일이 토트넘을 떠난 지 한참 됐다는 것. 적어도 토트넘에서는
팀메이트로 베일을 마주칠 일이 없다는 것. 그리고 다행인 점이
하나 더 있다. 2021년 매디슨이 SNS에 남긴 글이다.

해리 케인은 나에게 있어 세계 최고의 공격수다. 사람들은
케인이 몇 경기에서 골을 넣지 못한 것에 관해 이야기하고
있다. 케인의 폼은 일시적이지만, 케인의 클래스는 영원하다.

이 글로 인해 그나마 토트넘 팬들에게 점수를 딸 수 있었다.
매디슨이 완전히 토트넘을 저주하는 사람이 아니라는 것이
입증된 것이다. 막장으로 치달을 수 있었던 토트넘행에 한
줄기 희망의 빛과 같은 글이었다. 토트넘의 최고 전설 케인을
사랑한다는데 그냥 봐주자. 매디슨은 특별한 마찰 없이
토트넘으로 입성할 수 있었다. 그런데 매디슨이 토트넘에서
케인과 마주칠 일도 없게 됐다. 매디슨이 올 때 케인은 독일
바이에른뮌헨으로 떠났다.
매디슨은 왜 자신이 어린 시절 증오했던 토트넘의 선택한
것일까. 냉정하게 토트넘은 유럽대항전에서 나가지 못하고,
주급도 짠 팀이다. 부와 명예를 위해서라면 다른 팀이 더 나을
수도 있었다. 많은 이유가 있겠지만 가장 결정적으로 영향을
미친 것은 엔제 포스테코글루 신임 감독의 존재였다. 2023-
24시즌을 앞두고 토트넘은 포스테코글루 감독을 선임했고, 그는
매디슨 영입에 진심이었다.
포스테코글루 감독은 매디슨을 토트넘 중원에 창의성과 득점
기회를 가져다줄 선수로 확신했다. 팀 재건, 팀 부활을 위해서
반드시 필요한 선수로 찍었다. 확신에 찬 포스테코글루 감독은
구단에 매디슨 영입을 직접 요청했다. 구단도 감독을 전적으로
믿고 행동에 나섰다. 포스테코글루 감독의 적극적인 구애로
둘은 만남을 가졌다. 이때 포스테코글루 감독은 매디슨을 완전히
매료시켰다. 둘이 사랑에 빠지는 데는 오래 걸리지 않았다.
매디슨은 포스테코글루 감독의 이 말을 듣고 토트넘 이적을
결정했다고 한다. 무슨 말이었을까.

매디슨, 네가 토트넘에 오든, 오지 않던 나는 상관없다. 하지만 한 가지 확실한 것이 있다. 내가 토트넘을 지휘할 것이고, 올 시즌 완전히 달라진 토트넘을 볼 수 있을 것이다.

매디슨은 토트넘 입단을 확정 지은 후 속죄의 마음을 담아 진심을 표현했다. 토트넘을 사랑하고, 토트넘이 자랑스럽고, 토트넘 발전을 위해 이 한 몸 바치겠다고. 지금까지 오면서 빠뜨리지 않았던 최대 강점. 자신감도 피력하지 않을 수 없었다.

정말 흥분된다. 나는 토트넘을 잘 알고 있었다. 이제 토트넘의 일부가 됐다. 토트넘의 흰색 유니폼을 입을 수 있어 기쁘다. 나는 준비가 됐다. 포스테코글루 감독과 이야기를 나눈 것이 중요했다. 감독의 생각과 감정을 읽을 수 있었다. 나는 자신감이 크다. 그리고 감독의 자신감도 느낄 수 있었다. 토트넘은 수년간 상대했던 팀이고, 아는 선수도 많다. 모두가 기뻐하고 있다. 이 팀에서 뛸 날을 기다리고 있다. 환상적인 경기장에서 빨리 뛰고 싶다. 나의 커리어는 롤러코스터였다. 나는 항상 축구를 사랑했고, 높이 올라갈 거라는 자신감이 있었다. 이런 의지는 절대 변하지 않을 것이다. 이곳에서 내가 가고 싶은 곳까지 가겠다.

매디슨의 이적이 확정되자 포스테코글루 감독은 기쁨을 감추지 못했다.

나는 레스터시티 시절부터 매디슨의 열렬한 팬이었다. 매디슨 지난 몇 년 동안 자신의 기량을 PL에서 유감없이 보여줬다. 의심의 여지가 없는 선수다. 매디슨은 우리 토트넘에 많은 것을 가져올 수 있다. 이런 선수가 내 곁에 있다는 것은 정말 좋은 일이다. 나는 매디슨을 '스타 보이'라고 부르고 싶다.

매디슨의 토트넘행이 확정되자, 많은 언론과 전문가들도 매디슨의 경쟁력, 전술적 활용도 등이 토트넘에 큰 도움이 될 거라 확신했다. 4-3-3의 공격형 미드필더로 나설 것이라고 전망했고, 케인(바이에른뮌헨 이적 전), 손흥민, 데얀 쿨루셉스키 등과 시너지 효과에 대한 기대감을 키웠다. 특히 손-케 듀오(손흥민-케인)의 폭발력을 배가시켜줄 최고의 도우미로 기대감을 폭발시켰다. 아스널의 위대한 감독, 아스널 감독 시절 어린 매디슨을 추적하기도 했던 아르센 벵거 감독. 그는 매디슨의 토트넘 이적이 확정되자 이렇게 평론했다.

매디슨은 분명 지난 몇 년간 토트넘에 부족했던 2가지 요소를 즉시 충족시킬 것이다. 델레 알리의 스웨그. 그리고 크리스티안 에릭센의 창의력.

엄청난 기대감을 키운 매디슨도 토트넘 적응을 위해 노력했다. 일단 그가 먼저 한 일은 토트넘에서 자신이 모르는 선수들을 검색해 보는 것. PL에 뛴다고 해서 모든 선수를 알 수는 없다. 특히 새롭게 온 이적생은 더욱 그렇다. 매디슨은 자신의 입단 동기 골키퍼 굴리엘모 비카리오를 검색해 봤다고 털어놨다. 누군지 몰랐다는 거다. 2023-24시즌이 시작되기 전에는 많은 사람들이 매디슨과 비슷했다. 대체 비카리오가 누구냐고 생각했다.

나는 솔직히 비카리오에 대해 들어본 적이 없었다. 그래서 유튜브에서 비카리오를 검색하며 그가 괜찮은 골키퍼인지 플레이 영상을 찾아봤다.

프리시즌이 시작됐다. 매디슨의 백넘버는 71번. 이때까지 토트넘 백넘버 10번은 케인의 등에 있었다. 프리시즌 도중 케인이 떠났다. 그렇다면 10번은 누구의 등으로 갈 것인가. 감독과 선수들은 고민이 없었다. 매디슨 역시 머뭇거리지 않았다. 매디슨은 케인의 백넘버 10번을 받았다. 토트넘 구단과 동료들의 기대감과 희망을 백넘버로 받았다. 매디슨은 토트넘의 10번이 됐다.

프리시즌에서 71번을 입고 있었다. 케인이 떠난다는 이야기가 나왔지만, 나는 케인이 팀에 남기를 바랐다. 그래서 계속 71번을 달고 싶었다. 하지만 케인이 떠났고, 구단은 내가 10번을 달기를 원했다. 10번은 매우 큰 숫자다. 유니폼 판매에도 영향을 미치는 상징적인 숫자다. 나는 절대 아니라고 말하지 않았다. 나는 10번의 부담감, 책임감을 사랑한다. 나는 10번을 사랑한다.

프리시즌을 잘 마친 매디슨. 친선경기에서도 존재감을 드러낸 매디슨. 개막 전 그에게 또 다른 영광이 하나 찾아왔다. 매디슨이 토트넘의 새로운 주장단에 포함된 것이다. 포스테코글루 감독은 토트넘의 새로운 시대를 선포했다. 기존 주장단, 리더 그룹을 해체하고, 새로운 시대를 이끌 새로운 리더들을 선발했다. 토트넘의 무기력했던 과거와 완전한 이별을 선언한 것이다.
위고 요리스의 주장 완장은 손흥민이 물려받았다. 그리고 부주장으로 매디슨과 크리스티안 로메로가 임명됐다. 아르헨티나 출신 로메로는 남미, 잉글랜드 출신 매디슨은 영국 및 유럽 선수들과의 가교 역할, 소통 역할에 집중했다. 신입생으로는 유일하게 매디슨만 주장단에 합류했다. 스타에서 리더로 한 단계 도약한 매디슨이었다.

2023-24시즌이 개막했다. 매디슨이 토트넘 유니폼을 입고 등장했다. 기대는 했지만, 이 정도일 줄은
몰랐다. 상상 이상이었다. 그야말로 매디슨은 토트넘 유니폼을 입자마자 미친 활약을 펼쳤다. PL은
뒤집어졌다. 2023년 8월 13일. 역사적인 토트넘 데뷔전. 프리미어리그 1라운드 상대는 브렌트포드였다.
매디슨은 공격형 미드필더로 선발 출전했다.

올 시즌 토트넘의 첫 골은 매디슨의 발에서 시작됐다. 전반 11분 아크 왼쪽. 자신이 얻은 프리킥을
직접 찼다. 문전으로 감아서 올렸고, 크리스티안 로메로가 헤더로 마무리 지었다. 이후 토트넘은
브렌트포드에 2골을 연속으로 내주며 역전을 허용했다. 그러자 다시 매디슨이 나섰다. 전반 추가시간
에메르송 로얄의 중거리 슈팅 골을 어시스트했다. 결과는 2-2. 매디슨은 토트넘 데뷔전에서 2도움을
기록하며 강렬한 인상을 남겼다. 매디슨은 토트넘 데뷔전에서 MOM을 가져갔다.

이는 시작에 불과했다. 이후 매디슨과 토트넘은 함께 폭발했다. 프리미어리그를 경악하게 만들었다. 2라운드 맨체스터유나이티드(2-0), 3라운드 본머스(2-0), 4라운드 번리(5-2), 5라운드 셰필드유나이티드(2-1), 6라운드 아스널(2-2), 7라운드 리버풀(2-1), 8라운드 루턴타운(1-0), 9라운드 풀럼(2-0), 10라운드 크리스탈팰리스(2-1)까지, 토트넘은 패배를 잊었다. 그 중심에 매디슨이 있었다.

3라운드 본머스전에서는 매디슨의 토트넘 데뷔골이 터졌다. 전반 17분 문전으로 쇄도하던 매디슨은 파페 사르의 패스를 받아 감각적인 슈팅으로 상대 골문을 갈랐다. 토트넘에서 처음으로 매디슨의 시그니처 세리머니인 '다트 세리머니'를 볼 수 있었다. 4라운드 번리전에서 환상적인 오른발 중거리 슈팅으로 2경기 연속골을 성공시켰다.

6라운드 아스널과 북런던 더비는 매디슨의 존재감, 영향력, 가치를 확실히 증명한 경기였다. 손흥민이 2골을 넣었고, 매디슨은 2도움을 기록했다. 결과는 2-2. 특히 첫 번째 골 도움은 매디슨의 강점을 100% 보여준 장면. 아크 왼쪽에서 아스널 부카요 사카를 완벽히 제친 후 문전으로 공을 찔러 넣었다. 쇄도하던 손흥민이 이를 마무리 지었다. 2개 도움을 추가한 매디슨은 4도움으로 PL 도움 1위로 올라섰다.

이어 8라운드 루턴타운전 1도움, 9라운드 풀럼전 1골을 추가했다. 매디슨은 10경기에서 3골 5도움을 기록했다. 토트넘은 10라운드까지 8승 2무, 무패행진을 달렸다. 지는 법을 잊었다. 그들은 8라운드부터 PL 순위에서 가장 높은 곳에 위치했다. 리그 1위. 믿을 수 없는 조금은 어색한 1위라는 중간 성적표였다. 그야말로 토트넘 돌풍이 PL을 뒤덮었다. 매디슨은 성적뿐 아니라 토트넘의 정체성이 바뀌었다고 자신했다. 매디슨은 '스퍼시(Spursy)'를 거부했다. 스퍼시는 쉽게 말해 '토트넘답다'는 뜻이다. 그러나 부정적 의미로, 조롱하는 표현이다. 토트넘이 무기력할 때 나오는 단어다.

올 시즌 토트넘은 이야기를 바꾸고 있다. 최근 토트넘은 많은 비판을 받았다. 저널리스트들로부터 조롱도 받았다. 우승한 지도 오래됐다. 많은 팬들이 토트넘을 이야기할 때 '토트넘은 약하고, 병들고, 쓰레기다'라고 표현했다. '스퍼시(Spursy)'라 불렸다. 이런 이미지가 올 시즌 완전히 달라졌다. 토트넘은 강한 팀, 지지 않는 팀, 포기하지 않는 팀 이미지를 만들었다. 토트넘이 다른 방향으로 가고 있다는 것을 보여줬다.

토트넘이 완전히 달라졌다. 모두가 이런 예상을 하지 못했다. 오히려 토트넘이 급격하게 추락할 것이라는 전망이 우세했다. 왜? 간판 공격수 케인이 떠났기 때문이다. 게다가 토트넘은 케인 대체자를 영입하지 않았다. 득점을 책임지던 킬러가 사라진 토트넘은 힘을 잃을 것으로 판단했다. 마치 리오넬 메시를 잃은 바르셀로나와 비슷한 분위기였다. 일부 전문가는 토트넘이 리그 10위 밖으로 밀려날 거라는 충격적 예상을 내놓기도 했다.

이런 예상은 보란 듯이 깨졌다. 토트넘 10번 케인은 떠났지만 새로운 10번 매디슨이 왔다. 매디슨이 사실상 케인 공백 채우기의 핵심 역할을 해냈다. 토트넘 공격에 창의성을 더했고, 기회를 더 만들었고, 활기를 더 불어넣었다. 결정적으로 매디슨의 합류로 토트넘은 케인 원맨팀이라는 한계에서 벗어났다. 한 선수에 의존하는 것이 아닌 모든 선수가 한 팀으로 움직이는 매력적인 팀이 됐다. 한 선수가 골을 독점하는 것이 아니라, 모든 선수가 득점 책임을 나눠 갖는, 그런 다양성을 가진 팀이 됐다. 이렇게 한 팀을 유기적으로, 아름답게 이끈 중원의 사령관이 바로 매디슨이었다.

토트넘 열풍에 대한 찬사가 쏟아졌다. 핵심은 3가지. 지루한 수비축구에서 시원한 공격축구로 바꾼 포스테코글루 감독의 전술. 주장 리더십과 함께 여전히 득점력을 유지하고 있는 손흥민. 그리고 토트넘 역대 최고의 영입이라는 찬사를 받은 매디슨이었다. 여름 이적시장 PL

최고의 영입이 매디슨이라는 평가도 들었다. 현존하는 PL 최고의 공격형 미드필더라는 찬사에도 모두 고개를 끄덕였다. 이토록 강렬했던 신입생은 없었다.

매디슨은 포스테코글루 체제에서 더욱 발전한 플레이메이커의 모습을 드러냈다. 훨씬 더 넓은 지역을 커버하면서 공격의 연결고리 역할을 해냈다. 킬패스는 매디슨의 발에서 가장 많이 나왔다. 넓은 시야와 패스 안목은 절대적이었다. 토트넘에는 골을 넣을 수 있는 선수들이 다양해 성공할 수 있었던 전략이었다. 직접 골을 넣기보다 찬스 메이킹에 집중하는 모습이었다. 드리블을 통해 상대 수비를 벗겨낸 후 기회를 만들어내는 모습도 자주 연출했다. 약점으로 지적된 수비도 간과하지 않았다. 매디슨은 낮은 지역까지 내려와 빌드업에 관여했다. 수비 압박도 열정적으로 해냈다. 중요한 발전은 경기력에 기복이 있었다는 점이 토트넘에 와서 한층 개선됐다는 점이다. 토트넘이 원하던 완벽한 플레이메이커의 모습이었다. 매디슨이 토트넘 유니폼을 입고 한 단계 진화했다는 평가를 받은 이유다. 매디슨은 발전의 공을 포스테코글루 감독에게 돌렸다.

포스테코글루 감독 지휘 아래 축구를 즐기고 있다. 그는 정말 훌륭한 지도자다. 선수들에게 동기를 유발한다.

선수들에게 좋은 영향을 끼치고 있다. 포스테코글루 감독은 내가 지금까지 축구계에서 본 사람 중 최고의 남자다. 포스테코글루가 당신에게 말을 하기 시작한다면, 그 누구도 다른 곳을 보지 못한다. 포스테코글루에게 집중할 수밖에 없게 만든다. 직접 경험하지 못한 이들에게 설명하기 매우 어렵다. 내가 토트넘에 빨리 적응할 수 있었던 가장 중요한 이유, 포스테코글루 감독의 도움이다. 토트넘의 상승세는 포스테코글루 감독의 공이 크다. 모두가 알고 있는 부분이다. 정말 훌륭한 감독이다. 나는 감독이 원하는 방식으로 경기를 했을 뿐이다. 그의 방식대로 경기를 하는 것, 내가 가장 좋아하는 것이다.

포스테코글루 감독은 반대로 매디슨의 공으로 돌렸다.

매디슨의 공이 발에 닿을 때, 무슨 일이 일어난다. 매디슨은 그런 선수다. 또한 매디슨은 팀을 위해 정말 열심히 한다. 최고의 퍼포먼스를 보여주고 있다.

매디슨의 미친 활약은 수상으로 이어졌다. 매디슨은 PL 8월 이달의 선수로 선정됐다. 당연한 수상이었다. 8월 PL에서 매디슨보다 독보적인 선수는 없었다. 매디슨 커리어 최초의 이달의 선수 수상이었다. 그런데 매디슨은 이 영광을 마음껏 즐기지 못했다. 아쉬운 점이 하나 있었다. 그의 열정과 욕심을 느낄 수 있는 부분이다.

레스터시티 시절 몇 차례 후보에 오른 적이 있다. 이번에 실제로 수상을 하게 돼 기분이 좋다. PL의 새로운 구단에서, 새로운 선수로서 결코 쉬운 일이 아니었다. 최고의 선수들이 수상하는 상이다. 그래서 더욱 기쁘다. 이 상은 나의 수상 진열대에 아주 잘 어울릴 것이다. 아쉬운 것이 있다면 맨체스터유나이티드와 경기에서 골이나 도움을 하지 못했다는 점이다.

영국의 BBC는 매디슨을 이렇게 표현했다.

매디슨이 토트넘의 센세이션을 일으키고 있다. 매디슨은 데뷔전에서 2도움을 올리면서 토트넘 커리어를 시작했고, 모든 경기에서 영향력을 보여줬다. 매디슨은 토트넘이 무패 행진을 달리는 데 전방위적인 활약을 하고 있다. 매디슨이 토트넘에 온 지 두 달이 조금 지났지만, 매디슨이

적응하는 것을 볼 때는 수년간 토트넘에 있었던 것처럼 느껴진다. 토트넘은 마침내 크리스티안 에릭센의 진정한 대체자를 찾았다. 에릭센이 떠난 후 토트넘에는 창의성이 부족했다. 토트넘의 창의성 부활에 매디슨이 핵심적인 역할을 했다. 매디슨은 에릭센의 타고난 후계자가 될 수 있다. 토트넘은 에릭센이 떠난 후, 그 공백을 메우는 데 큰 어려움을 겪었다. 오랫동안 실패했다. 이제 매디슨이 왔고, 매디슨이 증명했다. 매디슨은 토트넘 축구가 추구하는 새로운 스타일의 중심에 섰다.

모두가 놀란 매디슨의 맹활약. 하지만 노리치시티 시절 매디슨과 한솥밥을 먹었던 수비수 맥스 아론스는 토트넘 열풍에 크게 놀라지 않았다. 이런 활약을 할 것인지 알고 있었다. 자연스러운 현상이었다.

매디슨이 그렇게 활약할 줄 알았다. 그는 믿을 수 없이 놀라운 선수다. 모두가 보았을 것이지만, 매디슨의 가장 큰 힘은 경기장에서의 자신감이다. 수비 압박을 받을 때도 공을 원하는 선수다. 이런 자신감이 팀 동료들에게 힘이 된다. 토트넘도 매디슨에게 그런 힘을 받고 있다. 나는 그런 매디슨의 자신감이 너무 좋다.

과거 아스널, 첼시, 바르셀로나 등에서 뛰었던 천재 미드필더 세스크 파브레가스. 그도 매디슨의 퍼포먼스에 감탄사를 내뱉은 사람 중 한 명이다. 파브레가스는 2023-24시즌 첼시에서 놀라운 활약을 펼친 콜 팔머를 극찬하면서 마지막에 매디슨의 이름을 꺼냈다. 어쩌면 매디슨 극찬에 팔머 더하기였다.

팔머의 움직임은 놀랍다. 첼시에서 팔머는 높은 수준과 개성을 보여주고 있다. 그는 매우, 매우, 매우 높은 퀄리티의 퍼포먼스를 보여줬다. 팔머는 공을 소유하면서, 마지막 킬패스를 찔러 넣는다. 또 골을 넣기도 한다. 팔머는 팀을 조직적으로 유연하게 돌아가게 만드는 그런 유형의 선수다. 팔머를 보고 있으면 매디슨을 연상시킨다. 팔머는 매디슨과 닮았다.

이별이 있으면 언제나 새로운 만남이 있는 법. 손흥민은 2023-24시즌 '영혼의 파트너'를 잃었다. 2015년 토트넘으로 이적한 후 최고의 공격 듀오로 활약했던, 눈빛만 봐도 서로를 느낄 수 있었던 파트너, 해리 케인과 이별했다. 케인은 우승을 위해 손흥민 곁을 떠나 독일 바이에른뮌헨으로 갔다.

케인의 백넘버 10번을 물려받은 제임스 매디슨. 손흥민은 토트넘의 10번과 운명적으로 엮이는 무언가가 있나 보다. 손흥민과 매디슨은 짧은 시간 안에 최고의 호흡을 보여줬고, 둘은 토트넘 새로운 영혼의 파트너가 됐다. 서로에게 절대적인 신뢰가 있었고, 서로의 플레이를 극대화하기 위해 적극적인 배려를 시도했고, 서로의 마음에 오차가 생기지 않게 하려 끊임없이 소통했다. 토트넘에서 만나기 전부터 그들은 조금씩 마음을 주고받기 시작했다. 대표적인 인연, 서로를 확신했던 때가 2022년 9월 18일 맞대결이었다. 2022-23시즌 PL 8라운드에서 토트넘과 레스터시티가 일전을 펼쳤다. 결과는 토트넘의 6-2 대승. 이 경기에서 손흥민은 해트트릭을 작렬시켰다. 매디슨은 레스터시티의 1골을 책임졌다. 경기 후 두 선수는 짧은 대화를 나눴다. 매디슨이 먼저 말을 걸었다.

쏘니, 너는 오른발잡이인데 왜 매번 왼발로 이런 골을 넣는 거야?

손흥민도 웃으며 화답했다.

매디슨, 넌 환상적인 선수야.

토트넘에서 만난 후에는 서로에 대해 칭찬하기에 바빴다. 특히 둘은 많은 소통을 했다. 공격수로서 소통했고, 주장과 부주장으로 소통했다. 손흥민과 매디슨의 영혼이 더욱 가깝게 다가갈 수밖에 없었다. 이는 경기력에서 고스란히 드러났다. 찰떡 호흡을 맞추며 예열을 마친 손흥민과 매디슨. 아스널과 6라운드가 화룡점정이었다. 매디슨의 2도움과 손흥민의 2골. 토트넘 최대 라이벌 아스널, '북런던 더비'라는 상징적인 경기에서 두 선수는 토트넘 새로운 영혼의 파트너를 공식 선언했다. 9라운드 풀럼전에서 손흥민의 패스를 받은 매디슨이 골을 터뜨리는 장면도, 케인과 손흥민의 모습을 보는 것 같았다. 이 도움은 손흥민의 시즌 첫 도움이었다. 손흥민이 매디슨과 함께 다트 세리머니를 선보이며 우정을 과시했다. 매디슨도 가만있을 수 없었다. 손흥민이 골을 넣었을 때 매디슨도 옆에 서서 찰칵 세리머니를 하며 화답하기도 했다. 시간이 갈수록 손흥민에 대한 애정은 커졌다. 매디슨은 그 감정을 숨기지 않았다. 당당하게 고백했다.

손흥민은 내가 몇 년간 지켜보며 사랑했던 선수다. 지금 손흥민과 함께 뛰는 건 정말 즐겁다. 나는 이런 말을 잘 하지 않는데, 손흥민은 월드 클래스다. 나는 손흥민이 최고의 선수라는 것을 분명히 알고 있다. 그는 PL에서 100골 이상을 넣었다. 이미 증명한 선수다. 그는 내가 경험한 최고의 마무리 선수 중 하나다. 우리는 처음 훈련할 때부터 잘 맞았다. 서로 가까운 위치에서 훈련을 했고, 잘 연결이 됐다. 우리는 연계 플레이를 좋아한다. 서로의 움직임을 이해하고 있다. 손흥민과 나는 경기를 할 때 상호 존중 같은 것이 있다. 정말 좋은 케미를 가졌다고 확신한다. 경기장에서 우리는 서로를 계속 찾는다. 그리고 우리는 계속 서로를 원한다.

매디슨의 사랑 고백은 멈추지 않았다. 선수로서뿐 아니라 주장으로서, 또 인간으로서도 손흥민을 사랑한다고 외쳤다.

나는 손흥민의 성격을 잘 알고 있다. 손흥민은 상대를 기분 좋게 해준다. 몇 시간 동안 수다를 떨고, 또 떨어도 좋다. 늘 반갑고 기분 좋은 사람이다. 손흥민은 주장이 됐다. 그는 훌륭한 주장이다. 손흥민은 로이 킨이나 존 테리(절대적 카리스마를 앞세워 약간은 강압적인 스타일) 스타일의 주장은 아니다. 그렇지만 내가 예상했던 것보다는 목소리를 내는 게 훨씬 컸다. 매우 훌륭한 선수이기 때문에, 동료들은 그의 말을 잘 들어준다. 손흥민은 더욱 적극적으로 선수들을 이끌 수 있다. 토트넘에는 많은 어린 선수들이 있다. 손흥민이 이야기를 하면 그들은 열심히 듣는다. 손흥민은 멋진 아우라가 있다. 개성이 강하고, 빅 플레이어의 품격을 가지고 있다. 어떤 순간에도 팀을 변화 시킬수 있는 사람이다. 이런 종류의 리더십은, 손흥민이 그 무엇을 하든 존경심을 가지게 만든다.

매디슨의 짝사랑이 아니었다. 손흥민 역시 감정을 숨길 수 없었다. 매디슨의 고백을 받아줬다.

우리는 토트넘에서 가장 큰 선수를 잃었지만, 우리에게 다시 큰 선수가 왔다. 레스터시티에 있을 때부터 나는 매디슨의 열렬한 팬이었다. 매디슨의 토트넘 이적이 결정된 뒤 세상에서 가장 행복한 사람 중 한 명이 바로 나였을 것이다. 매디슨은 특별하다. 내가 많이 좋아하는 선수다. 토트넘에 많은 것을 가져올 수 있는 선수이며, 그는 이미 PL에서 뛰어난 재능을 수차례 보여줬다. 의심의 여지가 없다. 매디슨은 첫 경기부터 잘했다. 앞으로 더 좋은 모습을 보일 거라 확신한다. 매디슨은 토트넘에서 성공할 것이다. 토트넘은 또 한 명의 슈퍼스타를 가지게 될 것이다.

손흥민도 매디슨을 향한 주체할 수 없는 감정을 멈출 수 없었다.

매디슨은 토트넘에 와서도 열심히 하고 있다. 매디슨은 아주 제대로 된 타이밍에 패스를 준다. 너무 늦지도, 빠르지도 않다. 최고의 패스다. 정말 적절한 타이밍에 공이 온다. 내가 마무리하기에 아주 쉽다. 내가 페널티박스 안에 있으면, 매디슨이 나에게 이런 찬스를 만들어준다. 나는 득점으로 연결하려고 노력한다. 좋은 선수임이 틀림없다. 크리스티안 에릭센이 팀을 떠난 후 토트넘에는 마지막 패스를 할 수 있는 유형의 선수가 없었다. 매디슨이 합류하면서 확실하게 이 문제를 해결했다. 매디슨은 팀에 빠르게 융화됐다. 토트넘의 일원이 되기 위해 정말 열심히 노력했다. 이런 동료가 옆에 있다는 사실이 매우 기쁘다. 매디슨에 대한 이야기라면 하루 종일 할 수 있다.

케인과의 이별을 아픔을 매디슨과의 새로운 만남으로 치유한 손흥민. 그리고 제이미 바디를 넘어선, 자신과 가장 잘 맞는 공격수를 찾은 매디슨. 둘의 시너지 효과는 빛났다. 혼자보다 둘이 있을 때 훨씬 더 빛났다. 과거 브라이튼앤호브알비온, 크리스탈팰리스, 본머스 등에서 활약한 공격수 글렌 머레이는 토트넘 새로운 영혼의 파트너를 이렇게 바라봤다.

토트넘은 올 시즌 PL 최고의 팀 중 하나다. 매디슨은 올 시즌 초반 토트넘을 완전히 바꾼 선수였다. 매디슨은 큰 선수다. 매디슨은 손흥민을 더 좋게 만들었다. 매디슨이 손흥민 최고의 능력을 끌어냈다. 이것이 토트넘에서 매디슨의 영향력이다. 토트넘은 세계 최고의 9번 선수를 잃었다. 그런데 지난 시즌보다 훨씬 더 강하다. 이것은 커다란 기쁨이고, 그 안에서 매디슨의 존재감은 매우 크다.

영국 언론들의 호평도 이어졌다. 영국의 BBC, 기브미스포츠 등의 언론들도 토트넘에 새로운 영혼의 파트너가 탄생한 것을 축하하고 환호했다. 영국 언론들의 평가를 종합하면 이렇다.

손흥민과 매디슨의 호흡은 손흥민과 케인의 호흡과 그리 멀지 않다. 손흥민과 매디슨이 우리가 기억하는 손흥민과 케인의 마법을 재현하고 있다. 그들은 케인의 빈자리를 메우기 위해 서로 의지하고 있다. 손흥민과 매디슨의 공격 조합이 손흥민과 케인의 공격 조합을 대체했다. 매디슨이 손흥민에게 볼을 전달하는 장면이 말해주고 있다. 손흥민과 매디슨의 역할 분담, 그리고 이해도는 손흥민과 케인의 그것과 다르지 않다.

매디슨은 왜

2023-24시즌 토트넘 팬들에게 가장 인상적이고, 재미있었던 장면, 바로 제임스 매디슨의 시그니처 세리머니입니다. 다트핀과 다트판은 없지만 있는 것처럼 멋지게 다트를 던지는 모습. 홀로 할 때도 있고, 손흥민 등 동료들과 함께 한 모습도 있었다. 심지어 토트넘과 상대하는 팀 선수들이 다트 세리머니를 할 때도 있었다. 토트넘과 매디슨을 도발하기 위해. 대표적인 장면이 2023-24시즌 PL 6라운드 북런던 더비. 1-1 상황에서 아스널의 부카요 사카가 골을 터뜨린 후 다트 세리머니를 했다. 잉글랜드 대표팀에서 친한 사이인 매디슨을 자극하기 위해서였다. 1분 뒤 손흥민이 1골을 더 넣어 2-2 무승부로 경기는 마무리됐다. 경기 후 매디슨은 이렇게 말했다. 짓궂은 농담.

사카의 행동은 정말 끔찍했다. 그가 나의 다트 세리머니를 했다. 우리가 바로 1골을 넣었는데, 사카는 그때까지 여전히 다트 세리머니를 하고 있었다고 들었다. 잉글랜드 대표팀에서 우리는 트래쉬 토크를 주고받는 사이다. 이번에 대표팀에서 다시 만나면 사카와 트래쉬 토크를 더 해야 할 것 같다.

다트 세리머니로 인해 진짜 싸움이 벌어진 적도 있었다. 2023-24시즌 PL 22라운드 브렌트포드전. 전반 15분 선제골을 터뜨린 브렌트포드의 닐 모페가 다트 세리머니를 시도했다. 모페는 PL 최고의 문제아, 상대 선수에게 시비를 거는데 탁월한, 비호감 플레이어 비공식 1위다. 모페는 이날 매디슨과 충돌했다. 둘은 언쟁을 벌이며 서로를 물어뜯었다. 그리고 토트넘 동료들이 복수에 동참했다. 후반 브레넌 존슨과 히샬리송이 연속으로 골을 넣은 후 모페를 조롱하기 위해 모페의 다트 세리머니를 따라한 것이다. 특히 존슨은 너무나 얄미운 표정을 지으며

다트 세리머니를 할까 — ?

모페를 자극했다. 매디슨은 다트 세리머니를 왜 하는 것일까? 그리고 어떻게 시작하게 된 것일까? 사실 답은 너무도 간단하다. 많은 설명이 필요하지 않다. 매디슨이 다트를 좋아하기 때문이다. 아니 좋아하는 정도가 아니라 사랑한다. 그는 다트 광팬이다. 처음부터 이 세리머니를 한 것은 아니었다. 레스터시티에서 처음 시작했다. 즉 PL로 올라오고부터 시그니처 세리머니를 공개한 것이다. 아무래도 1부리그에서는 더 주목을 받고, 이슈도 일으키고, PL 스타라면 시그니처 세리머니 하나 정도는 있어야지 하는 생각이었을지 모른다. 자신의 우상이었던 크리스티아누 호날두의 '호우'처럼. 그리고 레스터시티가 다트 세리머니 탄생에 매우 중요한 역할을 했다. 레스터시티로 온 후 유독 다트를 즐기는 팀 동료들이 많았고, 다트가 주 대화 주제였고, 자주 다트를 하다 보니 이것을 그라운드까지 가져오게 된 것이다. 경기 시간을 제외하면 거의 다트 선수의 삶을 산 매디슨이었다. 레스터시티 훈련장은 축구 훈련장인 동시에 다트 훈련장이었다.

레스터시티에서 원정을 가면, 제이미 바디, 루크 토마스, 하비 반스 등과 항상 다트에 대한 대화를 나눴다. 우리의 주제는 항상 다트였다. 그리고 항상 다트 게임을 했다. 원정 경기 때마다 휴식 시간이 생기면 우리는 바로 다트판을 세우고 경기를 했다. 나는 원정 경기를 떠나기 전에 항상 집에서 다트 연습을 하고 떠났다

그가 다트를 얼마나 사랑하는지 알 수 있는 결정적 장면. 매디슨은 부상으로 전력에서 이탈했던 2024년 1월. 그가 출몰한 곳은 축구장이 아니라 '월드 다트 챔피언십 파이널World Darts Championship final' 현장이었다. 다트 광팬 다운 행보였다. 이 경기를 관전하는 매디슨의 모습이 포착돼 큰 화제를 낳았다. 이 경기는 16세 다트 신동, 세계 랭킹 1위 루크 리틀러가 출전한 대회였다. 다크광 매디슨과 친한 선수다. 매디슨은 토트넘의 홈 경기에 리틀러를 초대하는 등 둘은 진한 우정을 나누고 있다. 매디슨이 리틀러를 응원하기 위해 경기장까지 등장했지만, 아쉽게도 리틀러는 루크 험프리스에게 세트 스코어 4-7로 졌다.

다트 경기만큼이나 뜨거웠던 신경전이 펼쳐졌다. 이 경기장에서 조그마한 소란이 벌어진 것이다. 그 중심에 매디슨이 있었다. 이 경기가 열린 장소는 영국 런던의 알렉산드라 팰리스. 당연히 런던의 스포츠 팬들은 매디슨의 존재를 알아챘다. 축구광들은 그냥 지나칠 수 없었다. 아마도 아스널 팬인 것으로 추정할 수 있다. 물증은 없지만 심증은 있다. 한 팬이 "토트넘은 가는 곳마다 얻어맞는다!"라고 소리쳤다. 축구장이 아니더라도, 아스널 팬은 토트넘 스타를 조롱해야만 하는 의무와 책임이 있다. 이런 기회를 놓칠 리 없다. 악동 매디슨도 가만히 당하고만 있을 인물이 아니다. 매디슨은 종이에 무언가를 열심히 썼다. 그리고 오른손으로 높이 들어 올렸다. 아스널 팬들이 잘 볼 수 있게, 아스널 팬들에게 배려를 하기 위해, 최대한 높이 들어 올렸다. 매디슨은 이렇게 썼다.

North London is white!
COYS(Come On You Spurs)!
— 북런던은 흰색! 토트넘으로 와!

경기장의 보안요원들이 충돌했다. 재미로 한 일이지만, 상황이 더욱 악화하는 것을 방지하기 위해 보안요원들은 매디슨의 종이를 압수했다. 상황은 그렇게 종료됐다. 1-1 무승부.

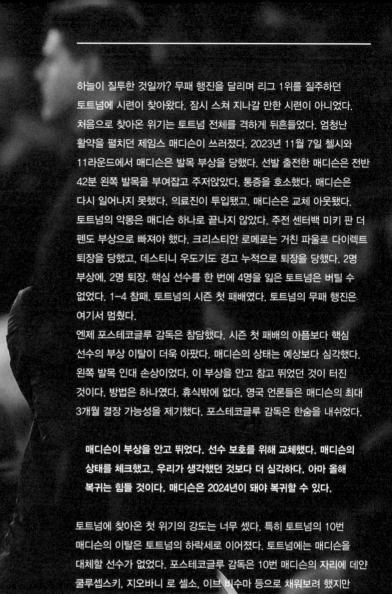

하늘이 질투한 것일까? 무패 행진을 달리며 리그 1위를 질주하던 토트넘에 시련이 찾아왔다. 잠시 스쳐 지나갈 만한 시련이 아니었다. 처음으로 찾아온 위기는 토트넘 전체를 격하게 뒤흔들었다. 엄청난 활약을 펼치던 제임스 매디슨이 쓰러졌다. 2023년 11월 7일 첼시와 11라운드에서 매디슨은 발목 부상을 당했다. 선발 출전한 매디슨은 전반 42분 왼쪽 발목을 부여잡고 주저앉았다. 통증을 호소했다. 매디슨은 다시 일어나지 못했다. 의료진이 투입됐고, 매디슨은 교체 아웃됐다. 토트넘의 악몽은 매디슨 하나로 끝나지 않았다. 주전 센터백 미키 판 더 펜도 부상으로 빠져야 했다. 크리스티안 로메로는 거친 파울로 다이렉트 퇴장을 당했고, 데스티니 우도기도 경고 누적으로 퇴장을 당했다. 2명 부상에, 2명 퇴장. 핵심 선수를 한 번에 4명을 잃은 토트넘은 버틸 수 없었다. 1-4 참패. 토트넘의 시즌 첫 패배였다. 토트넘의 무패 행진은 여기서 멈췄다.

엔제 포스테코글루 감독은 참담했다. 시즌 첫 패배의 아픔보다 핵심 선수의 부상 이탈이 더욱 아팠다. 매디슨의 상태는 예상보다 심각했다. 왼쪽 발목 인대 손상이었다. 이 부상을 안고 참고 뛰었던 것이 터진 것이다. 방법은 하나였다. 휴식밖에 없다. 영국 언론들은 매디슨의 최대 3개월 결장 가능성을 제기했다. 포스테코글루 감독은 한숨을 내쉬었다.

매디슨이 부상을 안고 뛰었다. 선수 보호를 위해 교체했다. 매디슨의 상태를 체크했고, 우리가 생각했던 것보다 더 심각하다. 아마 올해 복귀는 힘들 것이다. 매디슨은 2024년이 돼야 복귀할 수 있다.

토트넘에 찾아온 첫 위기의 강도는 너무 셌다. 특히 토트넘의 10번 매디슨의 이탈은 토트넘의 하락세로 이어졌다. 토트넘에는 매디슨을 대체할 선수가 없었다. 포스테코글루 감독은 10번 매디슨의 자리에 데얀 쿨루셉스키, 지오바니 로 셀소, 이브 비수마 등으로 채워보려 했지만 채워지지 않았다. 공백을 메우려 발악을 할수록, 매디슨의 빈자리에 대한 그리움이 더욱 커질 뿐이었다.

매디슨이 이탈한 후 토트넘은 거짓말처럼 추락했다. 역으로 말하면, 그만큼 토트넘 무패 행진에 매디슨의 역할과 존재감이 엄청났다는 의미다. 매디슨이 빠지자 토트넘 공격진의 전진 패스는 사라졌다. 사실상 지난 시즌 답답했던 토트넘의 모습으로 돌아온 것이나 다름없었다. 토트넘은 12라운드 울버햄튼(1-2), 13라운드 아스톤빌라(1-2)전까지 3연패를 당했다. 이어 14라운드 맨체스터시티(3-3), 15라운드 웨스트햄(1-2)전까지 5경기 연속 무승(1무 4패)에 시달렸다. 리그 1위 자리를 뺏기는 건 순식간이었다. 매디슨은 처음에 대수롭지 않게 여겼다.

유감스럽게도 축구라는 것은 롤러코스터다. 이 문제를 바로잡기 위해서 잠시 동안 그라운드에서 떨어져 있어야 한다. 그렇지만 힐링이 잘 되고 있다. 시즌을 잘 시작했기에 좌절감이 있을 수 있지만, 천천히 힐링하고 있다. 토트넘 팬 여러분, 새해에 만나자. 꼭 강해져서 돌아오겠다. 약속한다.

하지만 상황이 심각해지자 감정도 달라졌다. 팀 상황도, 매디슨의 상황도 시간이 갈수록 심각해졌다. 부상

기간이 예상보다 길어지자, 감정은 더욱 요동쳤다. 당초 매디슨은 1월 초면 복귀할 수 있을 줄 알았다. 하지만 시간은 길어졌고, 또 길어졌다. 몸이 말을 듣지 않았다. 복귀 시점이 늦춰지는 가운데 매디슨은 토트넘의 추락을 밖에서 지켜봐야 했다. 경기장에서 추락을 맛본 선수들은 고통스러웠다. 또 경기장에서 함께 하지 못한 매디슨에게도 큰 고통이었다. 팀이 위기일 때, 팀이 무너지고 있는데 자신이 할 수 있는 일이 없다는 것에 자책했다. 매디슨 커리어에서 가장 긴 부상 이탈 시간이었다. 매디슨은 이 기간이 정말 힘들었다고 고백했다.

부상에 너무 짜증이 났다. 부상 중에는 다른 선수들과 일정이 다르다. 쉬는 날도 다르다. 나는 부상으로 이탈해 있을 때 토트넘의 홈 경기는 직접 경기장에 가서 관람했다. 최대한 가까이에서 토트넘 선수들을 응원하고 싶었기 때문이다. 당시 상황은 정말 끔찍했다. 내가 그라운드에 있었다면, 경기에 어떻게라도 나은 영향을 줄 수 있었다. 내가 경기장에서 뛸 때와 달랐다. 팀을 밖에서 지켜보는 건 끔찍하다. 정말 힘들다. 긴장이 많이 된다.

16라운드 뉴캐슬전에서 6경기 만에 4-1 승리를 챙기며 무승 행진을 끊었다. 그렇지만 토트넘은 리그 초반의 폭발력과 매력은 다시 나오지 못했다. 매디슨이 없는 상황에서 불가능한 일이었다. 토트넘은 매디슨의 복귀만 간절히 기다리고 있었다. 매디슨의 바람, 토트넘의 바람, 토트넘 팬들의 바람. 상황은 기대와 다른 방향으로 갔다. 이들을 더욱 힘들게 하는 소식이 전해진다. 영국 언론들은 매디슨의 상태가 더욱 심각하며, 1월 중에 복귀가 어렵다는 보도를 했다. 2월은 돼야 그라운드에 복귀가 가능하다는 전망이 계속 나왔다. 침울했다. 토트넘도, 매디슨도 침울했다.

발목 인대가 파열됐다. 이는 내 인생의 모든 것에 영향을 미쳤다. 육체적으로나 정신적으로나 너무 힘들었다. 목발을 짚고, 집을 돌아다닐 수도 없었다. 좋은 아빠가 될 수도 없었다. 빨리 복귀하지 못하는 것에 좌절감을 느꼈다. 나는 더 화가 났고, 더 조급해졌다. 내 삶을 완전히 괴롭혔다. 아마 내가 겪은 부상 중 기간이 가장 긴 부상일 것이다. 나는 3개월 동안 부상으로 이탈한 적이 없다.

부상을 당하면, 매일 힘들다. 토트넘에서의 부상은 더욱 나를 힘들게 한다. 토트넘 훈련장에는 큰 창문이 있다. 물리치료실에서 치료를 하고 있으면 선수들이 훈련을 하는 모습, 경기를 준비하는 모습이 보인다. 나는 재활을 하고 있는데, 그들은 경기를 준비하고 있다. 이 상황이 너무 힘들었다. 나는 무력감을 느꼈다. 치료는 잘하고 있다. 그렇지만 회복이 늦어지고 있다. 좌절감이 온다. 이런 증상을 지금껏 겪어본 적이 없다. 그래서 더 힘들다.

정말 다행인 것은 언론들이 틀렸다는 것이다. 매디슨의 부상 기간은 2월까지 가지 않았다. 1월 말 복귀에 성공했다. 매디슨은 1월 25일 토트넘 팀 훈련에 복귀했다. 그리고 1월 27일 맨체스터시티와 FA컵 32강전에 그라운드를 밟았다. 82일만의 복귀였다. 82일의 악몽을 견뎌내고 돌아온 매디슨은 후반 28분 교체 투입됐다. 토트넘은 0-1로 패배하며 탈락했다.
1월의 마지막 날. 매디슨은 브렌트포드와 리그 22라운드에 선발 복귀전을 소화했다. 후반 43분까지 그라운드에 있었다. 토트넘은 데스티니 우도기, 브레넌 존슨,

히샬리송의 연속골로 3-2로 승리했다. 선발 복귀전에
승리를 거둔 매디슨. 토트넘은 다시 전진할 수 있을 것만
같았다. 기대감은 다시 커졌다. 포스테코글루 감독도
기대감을 숨기지 않았다.

나는 매디슨을 보는 것이 신난다. 매디슨은 창의적인
선수다. 서포터들은 항상 무언가 다른 것을 할 수 있는,
그런 유형의 선수를 좋아한다. 매디슨이 그런 유형의
선수다. 매디슨은 책임감을 회피하지 않는 선수다. 그는
토트넘에 힘이 될 선수고, 이 책임감을 받아들인다.
사랑스러운 선수다. 큰 부상을 입었지만, 신음 소리를 내지
않았다. 매디슨은 매우 쾌활한 사람이다. 다시 돌아왔고,
경기장에서 팀을 뒷받침할 것이다.

그런데 이상했다. 토트넘의 10번, 토트넘에 창의성을
안겨준 매디슨이 복귀했음에도, 토트넘은 반등하지 못했다.
모두가 매료됐던 시즌 초반의 그때 모습이 나오지 않았다.
토트넘은 29라운드에서 약체 풀럼에 0-3 굴욕적 패배를
당했다. 토트넘 돌풍의 종료를 공식적으로 선언한 경기였다.
포스테코글루 감독의 허니문도 공식적으로 막을 내렸다.
토트넘은 1위에서 꾸준히 밀려났고, 이제는 4위 자리도
위태로워졌다.
그리고 2023-24시즌 토트넘 최악의 경기가 열린다.
33라운드 뉴캐슬전. 토트넘은 0-4 참패를 당했다. 이제
토트넘은 열광하는 팀이 아니었다. 환호보다 비난과
비판이 더 많은 팀으로 전락했다. 뉴캐슬전 패배를
시작으로 34라운드 아스널(2-3), 순연 경기 첼시(0-2),
36라운드 리버풀(2-4)전까지 4연패를 당했다. 37라운드
번리전 2-1 승리로 연패는 끊겼지만, 이어진 순연 경기
맨체스터시티전에서 0-2로 또 졌다. 토트넘의 4위 자리는
손아귀에서 벗어났다.
최종전 셰필드유나이티드전 3-0 승리에도 토트넘은 20승
6무 12패, 최종 5위로 밀려났다. 첫 번째 목표, 시즌 내내
꿈을 가졌던 선물, 유럽축구연맹 챔피언스리그 출전권을
놓쳤다. 토트넘은 유로파리그 출전에 만족해야 했다.
토트넘의 시즌 초반과 막판은 왜 극명하게 달랐을까.
시즌이 끝날 때까지 왜 그때의 모습을 찾지 못했을까.
포스테코글루 감독의 똑같은 전술, 전술의 한계, 얇은
스쿼드로 인한 선수들의 피로도, 해리 케인의 대체자를
구하지 않은 실책 등이 이유로 꼽혔다. 그리고 결정적인

이유 중 하나, 매디슨의 부진이었다.
매디슨이 달라졌다. 시즌 초반과 비교해 가장 달라진
경기력을 선보인 선수가 매디슨이었다. 그 날카로움,
그 킬패스, 그 창의력. 모두 거짓말처럼 사라졌다. 부상
이후 예전으로 돌아오지 못했다. 예상보다 길었던 부상
후유증이 컸다. 그를 향한 기대감이 너무나 컸고, 기대감은
압박감으로 변해 매디슨을 짓눌렀다. 토트넘 역대 최고
이적생이라는 찬사는, 토트넘 경기를 망친 원흉으로
둔갑했다. 급기야 주전에서 제외되는 굴욕도 당해야
했다. 첼시와 순연 경기에서 후반 18분 교체 투입됐고,
36라운드 리버풀전에서도 벤치에서 시작해 후반 16분
그라운드를 밟았다. 그런데 매디슨이 후반 교체로 나온
2경기 모두 졌다. 이 전략도 실패였다. 매디슨의 선발 제외.

포스테코글루 감독은 왜 이런 결정을 내렸을까.

전술적인 이유였다. 나는 우리가 팀을 새롭게 할 필요가 있다고 생각했다. 중원에서 새로운 다리가 필요하다고 느꼈다. 이브 비수마와 파페 사르가 들어왔고, 데얀 쿨루셉스키가 들어왔다. 나는 이 멤버가 팀에 도움이 될 것으로 생각했다. 그러나 그것은 효과가 없었다. 그렇게 말하는 것이 당연하다. 내 책임이다. 내 책임은 우리 선수들을 매 경기 특정 수준에 도달할 수 있도록 준비시키는 것이다. 나는 그 책임을 하지 못했다.

이런 충격 요법까지 썼지만 매디슨은 끝내 돌아오지 못했다. 예전의 기량을 다시 찾지 못했다. 37라운드

번리전에서 선발 복귀했지만, 크게 달라진 것은 없었다. 매디슨이 부상 복귀 후 17경기 중 풀타임을 소화한 경기는 단 한 경기, 24라운드 브라이튼앤드호브알비온전이었다. 시즌 종반으로 갈수록 출전 시간이 오히려 줄어들었다. 매디슨의 현실이었다.

초반 10경기에서 3골 5도움을 폭발한 매디슨은 부상 복귀 후에는 1골 4도움에 그쳤다. 매디슨의 롤러코스터 시즌 그리고 토트넘에서의 데뷔 시즌은 총 30경기 4골 9도움으로 끝났다. PL 4시즌 연속 두 자릿수 득점에 실패했다. 4골은 자신의 PL 커리어 중 한 시즌 최소 득점이었다. 매디슨은 그렇게 큰 아쉬움을 남긴 채 토트넘에서의 첫 시즌에서 물러나야 했다.

그럼에도 매디슨

제임스 매디슨의 토트넘 첫 시즌. 성공일까, 실패일까. 초반은 분명
성공이고, 후반은 분명 실패다. 전체적으로 보면, 성공에 가깝다는
평가가 지배적이었다. 부상이라는 변수로 하락세를 타기는 했지만,
부상당하기 전 매디슨의 마법은 너무나 강렬했다. 부상 변수만 없다면
시즌 내내 그 마법을 즐길 수 있다는 의미다.

분명 매디슨은 토트넘을 변화시켰다. 지난 시즌 무기력했던
팀에 활기를 불어넣었다는 것에 이견을 달 사람은 없다. 토트넘
공격진의 새로운 엔진이었다. 토트넘에서 사라졌던 창의성을 다시
가져왔다. 토트넘의 극적인 변화만으로도 매디슨의 첫 시즌은
분명 성공적이었다. 성적도 8위에서 5위로 올라섰고, 다음 시즌
유럽대항전에서 출전한다.

매디슨을 성공을 판단할 수 있는 가장 큰 이유, 다음 시즌을 더욱
기대하게 만들었다는 점이다. 온전한 몸상태로 돌아온 매디슨이 다시
지휘할 토트넘. 전력 보강까지 이뤄진다면, 토트넘은 돌풍을 넘어
태풍까지 몰고 올 가능성이 있다. 시즌 막판 많은 비판을 받아야
했던 매디슨이었다. 하지만 시즌이 끝난 후, 종합적인 평가를 매길
때, 매디슨은 높은 점수를 받았다. 이 역시 매디슨의 첫 시즌이
성공적이었음을 증명하고 있다. 영국의 축구 전문 매체 원풋볼은
매디슨을 2023-24시즌 PL에서 가장 창의적인 선수로 선정했다. 이
매체의 설명은 이랬다.

**매디슨은 PL에서 가장 창의적인 선수 중 한 명이다. 돌이켜보면,
토트넘이 급격하게 하락한 원인은 매디슨이 부상으로 빠졌기
때문이었다. 이전까지 매디슨은 강력한 창의성을 발휘하고 있었고,
손흥민과 강력한 공격 루트를 형성했다. 무패 행진으로 리그 1위까지
치고 올라갔던 토트넘이었다. 매디슨 부상을 기점으로 토트넘은 선두
경쟁에서 멀어졌다. 매디슨은 슈팅 창출 7위(161회)를 기록했다.
매디슨의 효율성도 리그 최고 수준이었다. 매디슨은 평균 6.79개의
슈팅 창출 성공을 기록했다. 맨체스터시티의 마에스트로 케빈
더브라위너(7.36개)에 이어 2위에 올랐다. 또 매디슨은 경기당 평균
2.4개의 키패스와 6.27의 기대 어시스트값을 기록했다. 다음 시즌
매디슨이 정상적 컨디션을 유지할 수 있다면, 토트넘은 유럽축구연맹
챔피언스리그 진출을 위한 유력한 키가 될 수 있다.**

미국의 ESPN은 매디슨을 2023-24시즌 PL 미드필더 TOP 30에 올려놨다. '항상 무언가를 일으키는 창의적인 플레이메이커'라는 정의와 함께 이렇게 평가했다.

반드시 알아야 할 통계는 매디슨이 2023-24시즌 PL에서 패스 성공률 87.4%를 기록했다는 것이다. 토트넘은 간판 스트라이커 해리 케인을 잃었다. 토트넘은 큰 문제에 직면했다. 케인의 생산성뿐 아니라 손흥민의 활용도 문제도 발생했다. 이런 상황에서 매디슨은 손흥민과 빠르게 돈독한 관계를 맺었고, 인상적으로 흐르는 영리한 패스를 찔러 넣었다. 이런 매디슨의 역할은 케인 공백을 메우는 데 큰 도움을 줬다. 매디슨은 토트넘의 전설인 글렌 호들과 같은 맥락의 선수로, 수비를 뚫고, 아무도 없는 공간을 찾을 수 있는 능력이 있다. 부상으로 시즌의 3개월을 놓쳤다. 부상에서 복귀한 후에도 시즌 초반에 보여줬던 정점에 도달하는 데 어려움을 겪었다. 그럼에도 불구하고, 매디슨은 포스테코글루 계획에서 핵심적인 부분이다.

또한 영국의 기브미스포츠는 후반기 좋지 않은 모습을 보였음에도 매디슨을 2023-24 시즌 PL 최고의 미드필더 8위에 올려놨다. 케빈 더브라위너(맨체스터시티), 로드리(맨체스터시티), 데클란 라이스(아스널), 마르틴 외데고르(아스널), 브루노 페르난데스(맨체스터유나이티드), 알렉시스 맥앨리스터(리버풀), 베르나르두 실바(맨체스터시티) 다음 자리가 매디슨이었다. 우승 경쟁을 펼친 리그 1위, 2위, 3위 팀에 포함되지 않는 유일한 선수가 매디슨이었다. 이 매체는 이렇게 매디슨을 평가했다.

매디슨은 눈부신 활약으로 토트넘 커리어를 시작했다. 시즌 첫 10경기에서 3골 5도움을 기록하며 토트넘을 리그 1위로 이끌었다. PL 최고의 선수였다. 하지만 매디슨은 11라운드에 큰 부상을 당했다. 토트넘의 지휘자인 매디슨은 부상에서 돌아왔다. 그렇지만 후반기 어려움을 겪었다. 전반기와 같은 모습을 보여주지 못했다. 그래서 순위가 8위까지 떨어졌다.

첫술에 배부를 수 없었다. 시즌 막판 부진했지만, 그 누구도 매디슨을 다음 시즌 토트넘 핵심 전력에서 빠질 것으로 전망하지 않았다. 새로운 선수가 들어와도, 토트넘의 플레이메이커 자리는 언터쳐블이라는 예상이 지배적이다. 오히려 부상에서 돌아온 매디슨의 더욱 멋진 활약을 기대하는 시선과 희망이 컸다. 매디슨은 다음 시즌을 기대하게 만들기에 충분한 선수다.

2023-24시즌 종반. 팀은 추락하고, 매디슨 역시 추락하고 있었던 그때. 매디슨은 놀라운 이야기를 꺼냈다. 지금 이런 말을 할 타이밍이 아니라고 느끼는 사람들도 있었겠지만, 매디슨은 돌려 말하지 않는 스타일이다. 매디슨은 '우승' 이야기를 꺼냈다. 토트넘의 한, 그래서 쉽게 꺼내지 못하는 말, 우승에 대한 열망을 드러낸 것이다. 토트넘의 1부리그 우승은 총 2회. 1950-51시즌과 1960-61시즌. 토트넘은 63년 동안 1부리그 우승을 하지 못했다. 프리미어리그가 출범한 후에는 단 한 번도 정상에 서지 못했다. 리그뿐 아니라 다른 대회 우승도 없다. 토트넘의 마지막 우승은 2007-08시즌 리그컵이다. 이는 16년 전의 일이다. 매디슨은 감히 우승을 말했다.

올 시즌 초반 팀은 정말 좋았다. 하지만 지금은 타이틀 경쟁에 참여하지 않고 있다. 이건 정말 짜증이 나는 일이다.
올 시즌 우리가 있는 곳을 보고, 우리 팀이 얼마나 좋은 팀인지를 보면서, 내년에는 토트넘이 우승 경쟁에 참여할 수 있다고 믿는다.
토트넘의 좋은 모습이 동기부여를 준다. 내년에는 우승 경쟁에 반드시 참여할 것이다. 그리고 우리는 트로피를 획득해야 한다.
이 클럽은 트로피를 가져와야 한다. 올 시즌도 우승에 실패했다. 우리는 우승컵을 들고 있는 사진이 없기 때문에 실망스럽다.
토트넘이 트로피를 얻지 못한다는 말, 생각을 바꿔야 한다. 때로는 과정이 필요할 때가 있다. 좌절감을 느낄 때도 있어야 한다.
이를 바탕으로 우승에 도전해야 한다. 모든 부분에서 깨우쳐야 한다. 트로피는 영원히 기억에 남는다. 그래서 우리는 해내야 한다.
새로운 감독이 마련한 첫 번째 시즌의 기초를 바탕으로, 다음 시즌 트로피를 위해 도전해야 한다.

매디슨의 커리어를 돌아보면, 매디슨은 좌절을 성공으로
바꾸는 법을 배웠고, 시행했다. 선발 자리가 없을 때도,
임대를 갔을 때도, 극도의 부진을 겪었을 때도, 매디슨은
주저앉지 않았다. 그때 매디슨이 항상 했던 일이 있다.
더 열심히 훈련하는 것이었다. 훈련에 매진하는 것 말고
다른 것은 하지 않았다. 자신의 단점을 찾고, 보완했고,
다시 시작했다. 이 방법은 매 시즌 매디슨을 한 단계
도약시켰다. 지금 매디슨이 그 방법을 가져올 때다.
우선 부상 후유증을 극복하는 게 우선이다. 시즌이
끝났다. 조급함을 버려도 된다. 부상에서 완전히 회복한
후 다음을 준비해야 한다. 매디슨에게는 아픈 일이지만,
그는 유로 2024에 출전하지 못하게 됐다. 잉글랜드
대표팀 최종 엔트리에서 탈락했다. 이 좌절도 기회로
되돌릴 수 있는 기회. 매디슨은 오롯이 토트넘에만
집중할 수 있는 시간을 가졌다. 이 좌절이 매디슨의
독기를 더욱 높일 것이 자명하다.
실제로 매디슨은 독기를 품었다. 2024-25시즌을 앞두고
토트넘의 프리시즌에 가장 먼저 합류한 선수가 바로
매디슨이었다. 매디슨은 꾸준히 개인 훈련을 진행했고,
노팅엄포레스트의 모건 깁스 화이트와 함께 훈련을 하는
모습도 포착됐다. 모두가 쉴 때, 매디슨은 홀로 훈련했고,
모두가 휴식기를 즐길 때, 매디슨은 가장 먼저 토트넘에
합류했다. 매디슨의 독기가 느껴진다.
토트넘은 계속해서 우승에 도전할 수 있는 스쿼드 보강을
계획하고 실행하고 있다. 솔란케 혹은 그 누군가가 해리
케인의 대체자 역할을 할 수 있다면, 매디슨의 폭발력이
배가될 것이다. 2023-24시즌 초 10경기와 같은 원팀의
퍼포먼스를 보여준다면, 그 중심에 부상 없는 매디슨이
위치해 활약한다면, 토트넘의 우승은 언젠가 달성 가능한
미션이 될 것이다. 매디슨 개인으로도 다음 단계로
진입할 때다. 한번도 진화를 멈춘 적이 없는 매디슨이다.
PL 빅6 클럽에 입성해서 가야 할 다음 단계는 물론
리그 우승이다. 다른 건 없다. 매디슨의 트로피 진열장에
세 번째 우승 트로피가 전시될 그날을 기다려 본다.
토트넘의 한을 풀 그날을.

In England

"

잉글랜드 대표팀의 콜업을 받게 되어 감사하다.
나에게 매우 큰 영광이다.
정말 영광스럽다.
대표팀은 모든 어린 소년들이 꿈꾸는 곳이다.
나는 모든 사람들에게 내가 왜 이곳에 있어야 하는지 보여줄 것이다.
그러기 위해서 더 노력할 것이다.

"

01

사우스게이트의 선택, 그리고 희망고문

잉글랜드 U-21 대표팀에 발탁돼 2019년 6월 열린 유럽축구연맹(UEFA)
U-21 챔피언십에서 활약했던 제임스 매디슨. 모두가 느끼고 있었다.
매디슨에게 A대표팀이 다가오고 있음을 운명적으로 느끼고 있었다.
매디슨은 2018년 UEFA 네이션스리그를 준비하는 잉글랜드 A대표팀에
처음으로 소집됐다. 경기에 나서지는 못했지만, 조국의 국기를 가슴에 새길
수 있는 첫 경험이었다. 첫 발탁의 설렘, 의지, 기대까지 영원히 잊을 수
없다. 매디슨은 이렇게 기억했다.

올 시즌 정말 열심히 했다. 가레스 사우스게이트 감독으로부터 전화를
받았다. 이렇게 대표팀의 콜업을 받게 돼 매우 감사하다. 나에게 매우 큰
영광이다. 정말 영광이다. 이곳은 모든 어린 소년들이 꿈꾸는 곳이다. 나는
모든 사람들에게 내가 왜 이곳에 있어야 하는지 보여줄 것이다. 그러기
위해서 노력할 것이다. 나는 항상 나 자신을 믿었다. 내 자신에게 의문을
제기한 적이 없었다. 이곳에 와서 어린이처럼 행동하지 않을 것이다. 나는
대표팀을 즐기고 있고, 정말 사랑하고 있다.

가레스 사우스게이트 잉글랜드 대표팀 감독은 매디슨을 선발한 이유를
이렇게 설명했다.

우리가 오랫동안 지켜봐 온 몇몇 흥미로운 어린 선수들이 있다. 우리가
그들을 볼 수 있는 좋은 기회다. 매디슨은 영국 선수로는 이례적인 능력을
가지고 있다. 매디슨은 젊고, 용감한 선수다. 매디슨은 우리를 흥분시키는
선수다. 폭발력을 가졌고, 창의력도 가졌다. 잉글랜드 U-21 팀에서 큰
영향을 준 선수다. 이제 A대표팀에도 영향을 미칠 수 있다고 생각한다.
우리는 경기에서 매디슨이 플레이를 하는 데 주저하지 않을 것이다.

매디슨은 기어코 여기까지 왔다. 코벤트리시티의 건방진 꼬마가 드디어
가장 높은 곳, 잉글랜드 대표팀까지 올라선 것이다. 첫 소집 때는 경기에
나서지 못했다. 그렇지만 곧 매디슨의 A매치 데뷔전이 시작됐다. 2019년
11월 14일 열린 유로 2020 예선 7차전 몬테네그로와 경기. 매디슨은 후반
11분 알렉스 옥슬레이드 체임벌린을 대신해 그라운드를 밟았다. 잉글랜드는
7-0 대승을 거뒀다. 매디슨의 A매치 데뷔전이었다. 매디슨은 감격했다.

지금 내가 보상을 받고 있는 것 같다. 나는 공을 소유하고, 드리블을 하고,
골을 넣을 수 있는 필리페 쿠티뉴와 같은 10번을 좋아한다. 나와 비슷한
포지션이다. 내가 조국 잉글랜드를 대표해 뛰었다. 이는 내 커리어에서
가장 자랑스러운 순간이다. 정말 기뻤다. 그 누구도 나에게서 빼앗을 수
없는 시간이었다.

A매치 데뷔전 후 매디슨은 오랜 시간 잉글랜드 대표팀에서 벗어나 있어야 했다. 레스터시티에서 정상급 활약을 펼치고 있었음에도 사우스게이트 감독은 매디슨을 외면했다. 이런 외면, 이런 흐름이 확실히 말해주고 있었다. 유로 2020 최종 명단에 포함되지 못할 거라는 것을. 유로 2020에 나서지 못한 매디슨.

그런데 사우스게이트 감독은 깜짝선물을 준비했다. 2022 카타르 월드컵 최종 엔트리 26인 안에 매디슨을 포함시킨 것이다. 축구 선수로서 최고의 대회인 월드컵에 초청을 받았다. 매디슨은 기뻐 날뛰었다. 그때의 떨림은 잊을 수가 없다. 심장이 가만있지 않았다.

사우스게이트 감독의 부재중 전화가 온 것을 확인했다. 내 심장은 뛰기 시작했다. 다시 전화를 걸었고, 감독이 나에게 좋은 소식을 전해줬다. 월드컵 최종 엔트리에 포함됐다는 소식이었다. 나는 전화를 끊고 바로 부모님에게 전화를 했다. 아버지가 울었다. 아버지는 눈물을 거의 흘리지 않는 사람이다. 그런데 이 소식을 듣고 울었다. 몇 년 만에 보는 아버지의 우는 모습이었다. 내 축구 인생은 부모님, 모든 가족과 함께 하는 여정이다. 최근 몇 년 동안 내가 대표팀에 뽑히지 못했을 때, 그 실망감은 가족 전체로 퍼졌다. 하지만 지금 반대의 상황이 찾아왔다. 큰 행복이 찾아왔다.

참스승 브랜든 로저스 레스터시티 감독은 자신의 일처럼 기뻐했다.

매디슨과 그의 가족에게 놀라운 소식이다. 나는 사우스게이트 감독이 매디슨의 재능을 이용할 수 있게 돼 기쁘다. 매디슨의 수준과 일관성, 그리고 그의 직업윤리까지 그는 PL 최고의 선수라는 것을 증명했다. 매디슨은 잉글랜드 대표팀에 열정을 가져다줄 것이다. 그는 선수들을 지원할 것이고, 경기에 영향을 미칠 준비가 돼 있다. 최전방과 중원을 넘나들며 활약할 것이고, 정말 수준 높은 플레이를 보여줄 것이다. 그는 공간을 찾을 수 있다. 중앙에서 전진 패스를 한다. 이것이 절대적인 핵심이다. 잉글랜드에는 재능이 있는 선수들이 많지만, 매디슨은 경기를 풀어줄 수 있는 정말 특별한 재능이 있다. 매디슨은 잉글랜드 대표팀에서도 멈추지 않을 것이다.

사우스게이트 감독이 3년 만에 매디슨을 다시 부른 이유는 이랬다.

매디슨은 정말 좋은 플레이를 하고 있다. 보라. 매디슨은 좋은 선수다. 나는 항상 매디슨이 좋은 선수라고 말해왔다. 그는 권리를 얻었다. 우리가 가지고 있는 공격 자원들과는 다른 것을 우리에게 줄 수 있다고 생각한다. 다양한 단계에서 매디슨에 대한 대화와 토론이 있었다. 매디슨은 다른 공격 자원과 조금 다르다. 그는 다른 위협을 가지고 있고, 그 능력은 잉글랜드 대표팀에 필요하다.

하지만 이 말은 희망 고문이었다. 사우스게이트 감독은 매디슨을 극찬했지만, 정작 어떤 기회도 주지 않았다. 실제로 활용할 생각도 없었다. 그는 매디슨을 철저하게, 또 잔인하게 외면했다. 매디슨의 카타르 월드컵 최종 엔트리 발탁의 기쁨은 오래가지 못했다. 월드컵이 개막했고, 기쁨은 바로 절망으로 바뀌었다. 매디슨은 카타르 월드컵에서 단 1분도 그라운드를 밟지 못했다.

매디슨은 카타르 월드컵에서 경기에 뛰지 못한 잉글랜드 대표팀 6명 중 한 명이었다. 골키퍼 2명을 뺀 필드 플레이어 중에서는 4명 중 한 명이었다. 굴욕적이다. 게다가 공격 자원 중 경기에 뛰지 못한 유일한 선수였다. 치욕적이다. 나머지 5명은 벤 화이트(수비수), 코너 코디(수비수), 코너 갤러거(수비형 미드필더), 그리고 골키퍼인 닉 포프와 아론 램스데일이었다. 이것은 매디슨에게 큰 상처로 다가왔다.

시즌을 정말 잘했고, 월드컵 대표팀에 소집됐다. 하지만 나는 너무 감정적이었다. 나쁜 방향으로 향했다. 나는 월드컵에서 잉글랜드를 대표해 소집됐다. 그렇지만 내 자신에게 가혹했다. 아마 내가 경기에 뛸 수준과 맞지 않았을 것이다. 카타르 월드컵은 정말 힘든 시기였다. 나는 커튼 뒤에서, 보이지 않는 곳에 있었다. 월드컵에서 뛰고 싶었고, 내가 가진 영향력을 보여주고 싶었기 때문에, 나는 너무 실망했다. 그렇지만 월드컵을 전혀 후회하지 않는다. 경기는 뛰지 못했지만, 팀을 위해서 일했다. 월드컵이 끝나고 나는 몸과 마음을 추스르려고 노력했다.

매디슨의 대표팀 부진은 PL 팬들의 조롱거리가 됐다. 매디슨을 상대하는 팀들의 팬들은 에이스 매디슨의 기를 꺾기 위해 대표팀 조롱을 퍼부었다.

대표적인 수호가 사우스게이트 선택이 맞아 , "사우스게이트가 왜 너를 선발하지 않는지 알겠어" 등이었다. 매디슨에게는 익숙한 장면이고 익숙한 도발이다. 너무 많이 들었다. 매디슨은 개의치 않는 정신적 승리 상태까지 왔다. 이런 조롱을 하는 팬들에게 멋진 미소를 보여주는 것으로 대신했다.

그러다 3년 6개월이 지난 후 매디슨은 다시 A매치를 뛰기 시작했다. 흐름이 좋았다. 선발로 매디슨이 자리를 잡을 수 있는 절호의 기회가 주어졌다. 2023년 3월 26일 유로 2024 예선 우크라이나와 경기(2-0)에서 매디슨은 사상 처음으로 대표팀에서 선발로 출전했다. 매디슨은 85분을 소화했다. 매디슨의 약 4년 만에 A매치, 그리고 첫 선발. 매디슨은 기쁨을 감추지 못했다.

우크라이나전은 제2의 데뷔전과 같다. 사우스게이트 감독의 신뢰를 얻은 것이 자랑스럽다. 내 퍼포먼스가 사우스게이트 감독을 자랑스럽게 만들었기를 바란다. 나는 열심히 해왔다. 조국을 사랑하는 마음이 컸다. 잉글랜드 대표팀으로 다시 서고 싶었다. 나는 A매치 기간에 집에 있고 싶지 않았다. 잉글랜드 대표팀 친구들과 함께 경기를 하고 싶었다.

매디슨이 가장 기뻐했고, 그다음으로 기뻐한 이는 브랜든 로저스 레스터시티 감독이었을 것이다. 로저스 감독의 애제자의 A매치 복귀에 큰 기쁨을 표현했다.

매디슨은 경기를 잘하고 있고, 매디슨이 조국을 위해 경기를 하는 꿈을 이뤘다. 그것은 매디슨에게 더욱 큰 자신감을 줄 것이고, 사우스게이트도 자신감을 얻을 수 있었다. 대단한 것이다. 매디슨은 잉글랜드 대표팀에서 뛸 수 있는 권리를 얻었다. 나는 기쁘다. 그의 가족처럼 기쁘다. 그가 첫 선발 출전을 하기까지 오래 걸렸다. 매디슨은 자신을 믿고 여기까지 왔다. 잉글랜드는 축복을 받고 있다. 그들은 최고의 공격 재능을 가지게 됐다. 매디슨은 앞으로 꾸준히, 정기적으로 잉글랜드 대표팀에 합류할 것이다. 나는 매디슨이 행복해하는 것을 볼 수 있을 것이다.

02

희망이 절망으로 바뀔 때

2023년. 제임스 매디슨이 잉글랜드 대표팀 멤버로도 가장 큰 기대를 받았던 해다. 왜? PL 빅6 중 한 팀인 토트넘으로 이적했고, 이곳에서 역대급 활약을 펼쳤기 때문이다. 매디슨은 토트넘을 리그 1위로 올려놨다. PL을 뒤흔든 돌풍. 토트넘 소속 매디슨의 첫 잉글랜드 대표팀 발탁. 그 기대감은 매디슨의 선발 출전으로 이어졌다.

매디슨은 2023년 6월 16일 열린 유로 예선 몰타(4-0)와 경기에서 두 번째 선발(70분)을, 2023년 9월 9일 유로 예선 우크라이나(1-1)와 경기에서 세 번째 선발(65분)을, 2023년 10월 13일 호주(1-0) 친선경기에서 네 번째 선발(73분) 출전에 성공했다. 선발 출장과 어느 정도 긴 플레잉타임을 부여받았지만 매디슨은 거짓말처럼 부진했다.

토트넘에서의 그 엄청난 폭발력은 잉글랜드 대표팀 유니폼을 입자마자 사라졌다. '매디슨 미스터리'다. 잉글랜드 국가대표 매디슨의 앞에는 최악이라는 평가가 따라다녔다. 특히 호주전에서 최악의 모습을 연출했다. 비난의 중심에 서야 했다. 호주전에서 매디슨은 작아졌고, 존재감을 드러내지 못했다. 토트넘에서의 활기차고 매력적인 모습은 찾아볼 수 없었다. 이 선수가 그 선수가 맞는지 의문이 들 정도로 토트넘과는 다른 모습을 드러냈다. 경기 중 황당한 슈팅을 날리는 등 매디슨은 고개를 숙여야 했다. 후반 28분에 교체 아웃됐다. 경기 후 잉글랜드 축구팬들이 매디슨을 향해 맹비난을 퍼부었다. 그중 '스퍼시(Spursy)'라는 단어가 등장했다. 실제로 팬들은 "역대 최고로 스퍼시했다(Most Spursy ever)"라는 표현을 포함해 "매디슨은 재능보다 자존심이 더 크다", "역대 최악의 움직임", "매디슨의 슈팅은 역사상 최악의 슈팅" 등 매디슨을 조롱하는데 많은 힘을 썼다. 대표팀과 궁합이 이토록 맞지 않을 수 있을까? 그래서였을까. 호주전은 매디슨의 국가대표 마지막 선발 출전 경기가 되고 말았다.

설상가상으로 그는 다시 부상을 당했다. 2023년 11월 PL 11라운드 첼시전에서 발목 부상을 당했다. 이로 인해 대표팀에서 제외될 수밖에 없었다. 1월 말이 돼 부상에서 복귀한 매디슨. 하지만 이전과 같은 매력적인 모습을 다시 찾지 못했다. 경기력, 영향력, 날카로움, 활기를 보여주지 못했다.

부진, 부진이 이어졌다. 90분 풀타임도 소화하지 못했나. 토트넘 선발 자리를 뺏기는 굴욕도 당해야 했다.

현지 언론들은 매디슨의 부진이 몸뿐만 아니라 정신적인 이유가 있다고 분석했다. 잉글랜드 대표팀에 대한 너무나 큰 간절함이 매디슨을 부진으로 이끌었다는 분석이었다. 대표팀에서 발탁되기 위해서는 소속팀에서 잘해야 한다. 매디슨은 소속팀에서 더 잘해 대표팀에 가고 싶어 했다. 그래서 더 무리했다. 냉정하지 못했다. 유로 2024가 다가오면 올수록, 이런 조급함과 부담감이 매디슨을 제자리로 돌려놓지 못했다. 빨리 좋은 모습을 되찾아야 대표팀에 갈 수 있다는 강박이 매디슨을 괴롭힌 것이다. 토트넘에서 부진을 극복하지 못했지만, 사우스게이트 감독은 매디슨에게 기회를 줬다. 부상 복귀 후 첫 A매치였다. 선발에서는 밀렸지만, 매디슨은 대표팀 첫 공격

포인트를 올리며 강렬한 인상을 남겼다. 2024년 3월 26일 열린 벨기에와 친선경기에서 매디슨은 후반 29분 교체 출전했고, 잉글랜드 A대표팀 첫 공격 포인트를 올렸다. 1-2로 뒤지고 있던 후반 추가시간 5분, 페널티 박스 왼쪽에서 공을 잡은 매디슨은 주드 벨링엄에게 감각적인 아웃프런트 패스를 찔러 넣었다. 공을 받은 벨링엄이 골망을 흔들었다. 매디슨이 극적인 2-2 무승부로 이어지는 어시스트를 기록한 것이다. 이에 잉글랜드 축구의 전설 게리 리네커가 "매디슨은 훌륭했다"고 평가를 했고, 첼시 스타 출신 조 콜은 "이것이 매디슨과 같은 테크니션을 내가 좋아하는 이유다. 매디슨이 한 것과 같은 패스를 만들어 낼 수 있는 선수는 국내에 4명, 5명 밖에 없을 것이다"라고 호평하는 등 분위기는 긍정적으로 흘렀다. 첫 공격 포인트는 매디슨의 자존감을 높였다.

잉글랜드 대표팀에서는 경쟁이 치열하다. 실력이 뛰어난 선수들이 많다.
대표팀의 부름을 받으면 내가 해야 할 일을 수행해야 한다. 난 그렇게 할 수 있는 자신감과 믿음이 있다.
경기장에서 성과를 내야 한다. 내가 할 수 있는 일을 알고 있다. 더 많은 기회를 원한다.
내 자질이 대표팀에 도움이 될 수 있다는 것을 알고 있다. 난 벨기에전에서 영향력을 발휘했다.
사우스게이트 감독에게 내가 할 수 있다는 것을 보여줬다. 앞으로 더 많은 것을 보여주고 싶다.
새로운 감독이 마련한 첫 번째 시즌의 기초를 바탕으로, 다음 시즌 트로피를 위해 도전해야 한다.

그리고 매디슨은 사우스게이트 감독에게 도발적인
메시지를 전하기도 했다.

> 내가 대표팀에서 더 자주 기회를 받고, 더 자주 플레이를
> 하면 벨기에전처럼 판도를 바꿀 순간들이 생길 것이다.
> 내가 가진 재능을 잘 알고 있다. 이 재능은 잉글랜드
> 대표팀에 도움이 될 것이다. 벤치에 있는 건 매우, 몹시
> 짜증이 난다. 하지만 난 27세다. 경험이 풍부하다. 내가
> 어렸다면 토라지고, 기분이 좋지 않았을 것이지만,
> 지금은 아니다. 나이가 들었고, 내가 언제 영향을 미칠 수
> 있을지를 본다.

사우스게이트 감독은 2024년 5월 21일 유로 2024에 나설
예비 엔트리 33인의 명단을 발표했다. 토트넘에서의 부진을
반전시키지 못한 매디슨도 이름을 올렸다. 사우스게이트
감독이 마지막 기회를 준 것이다. 그리고 마지막 경기 출전
기회를 받았다. 2024년 6월 3일 보스니아 헤르체고비나(3-
0)와 친선전에 후반 16분 교체 투입됐다. 이 경기가
매디슨의 마지막 A매치가 됐다.
매디슨은 끝내 부상 악몽을 벗어나지 못했다. 매디슨은
잉글랜드 대표팀에서 가장 먼저 짐을 싼 선수가 됐다.
사우스게이트 감독은 6월 7일 유로 2024에 나설 26명의
최종 엔트리를 발표했고, 매디슨은 하루 전인 6월 6일
대표팀 캠프를 떠났다. 유로 2020 탈락, 카타르 월드컵 0분
출전, 유로 2024 탈락. 잉글랜드 대표팀을 향한 꿈, 유로
2024를 향한 꿈, 메이저대회 첫 출전의 꿈은 그렇게 또
깨졌다. 매디슨은 SNS에 이렇게 강점을 표현했다.

> 절망스럽다는 표현으로는 부족하다.
> 일주일 내내 열심히 훈련했다.
> 하지만 솔직히 말해서 부상에서 복귀했을 때,
> 토트넘에서 보여준 폼은 내가 세운 기준에 미치지 못했다.
> 그래서 사우스게이트 감독이 결정을 내려야 했다.
> 나는 26인 안에 들어갈 자리가 있을 거라고 생각했다.
> 나는 팀에 다른 것을 가져올 수 있다고 생각했다.
> 유로 2024 예선에서도 열심히 했다.
> 감독이 결정을 내렸고,
> 나는 그것을 존중해야 한다.
> 나는 돌아올 것이다.

> 의심의 여지가 없다.
> 대회에서 뛰는 선수들에게 세상에서 가장 큰
> 행운이 있기를 기원한다. 믿을 수 없이 놀라운 팀,
> 내가 가장 친한 친구라고 부르는 선수들이다.

매디슨을 제외한 이유. 사우스게이트 감독은 이렇게
판단했다.

> 선수의 입장에서 생각해보면, 이 순간이 엄청난
> 충격이라는 걸 이해하게 된다. 가능한 한 일찍 말하려고
> 노력했다. 나는 최종 엔트리를 발표하기 전날 밤 매디슨과
> 대화를 나눴다. 매디슨은 자신이 어디에 있는지 정확히
> 알고 있었다. 내가 그에게 어떤 말을 할 것도 알고 있었다.
> 그렇지만 매디슨은 매달리지 않았다.

2018년 A대표팀에 처음 발탁된 후 6년 동안, 매디슨이 뛴
경기는 고작 7경기에 불과하다. 무득점에 공격 포인트는
어시스트 1개. 충격적인 건 A매치 풀타임이 단 한 경기도
없다는 점이다. 매디슨과 잉글랜드 대표팀, 정확히 말해
매디슨과 사우스게이트 감독의 인연은 항상 엇갈렸다.
매디슨에게는 다른 운명이 펼쳐질 기회도 있었다.
2018년 매디슨이 잉글랜드 A대표팀에 처음 발탁됐을
당시, 아일랜드 대표팀이 매디슨을 데려오려고 시도를 한
적이 있다. 지난 1996년부터 2002년, 그리고 2018년부터
2020년까지 아일랜드 대표팀 감독을 역임했던 마이클
매카시 감독의 의지였다. 그는 매디슨의 광팬이었고,
잉글랜드 A매치에 데뷔를 하지 못한 매디슨을 아일랜드
대표팀으로 불러 국적을 변경할 수 있는 기회를 엿봤다.
실제로 매디슨과 접촉했고, 시도했다.
매카시 감독은 매디슨과 함께 아일랜드의 유로 2020
예선을 준비하고 싶었다. 매디슨의 조부모를 통해
아일랜드 국적을 얻을 수 있는 가능성이 있었다. 하지만
매디슨은 이에 큰 반응을 하지 않았다고 한다. 만약
아일랜드 대표팀을 선택했다면 매디슨의 대표팀 커리어는
달라졌을까. 무엇보다 자신을 절대 신뢰하고 높이 평가하는
매카시 감독의 손을 잡았다면 어떻게 달라질 수 있었을까.
매디슨을 철저하게 외면했던 악연, 매디슨과 맞지 않았던
사우스게이트 감독의 곁에 있는 것보다는 그래도 조금은 더
행복하지 않았을까?

＝ 대표팀 역대 최고의
미드필더는 누구인가?

제임스 매디슨이 꿈꿨던 잉글랜드 대표팀 중원의 한 자리. 어마어마한 선배들, 전설들이 과거를 채웠다. 축구 종가 잉글랜드 대표팀에는 유독 위대한 미드필더가 많았다. 축구에서 가장 중요한 포지션임을 축구 종가가 입증한 셈이다. 잉글랜드 대표팀의 황금시대로 불렸던 시기에도, 주축은 미드필더였다. 이제 매디슨이 다음 시대를 채워야 할 차례다. 매디슨이 따라가야 할 위대한 잉글랜드 미드필더 10인을 소개한다.

PLAYERS

RAY WILKINS
레이 윌킨스 1976-1986 84경기 3골 4도움

첼시, 맨체스터유나이티드, AC밀란 등에서 전성기를 보낸 미드필더였다. 강렬한 리더십을 가지고 있는 플레이메이커로 첼시 역대 최연소 주장을 역임하기도 했다. 플레이메이커의 정석을 보여줬다는 평가 속에서 1980년대 잉글랜드 대표팀의 핵심 선수로 활약을 펼쳤다. 윌킨스는 신사적인 플레이를 하는 선수로도 유명했다. 1982 스페인 월드컵, 1986 멕시코 월드컵에 연속으로 출전했다.

GLENN HODDLE
글렌 호들 1979-1988 53경기 8골 3도움

토트넘의 전설이다. 미드필더로서 글렌 호들의 창의적인 본능은 화려한 커리어를 만들 수 있도록 도와줬다. 호들은 1982 스페인 월드컵과 1986 멕시코 월드컵 스쿼드에 모두 포함됐다. 유로 1980과 유로 1988에도 출전했다. 여기 명단에 포함된 선수 중 유일하게 잉글랜드 대표팀 감독까지 역임했다. 호들은 1996년부터 1999년까지 잉글랜드 대표팀 지휘봉을 잡았고, 1998 프랑스 월드컵에 감독으로 출전했다.

CHRIS WADDLE
크리스 워들 1985-1991 62경기 6골 1도움

뉴캐슬, 토트넘, 마르세유 등에서 활약한 공격형 미드필더. 수비수를 당황하게 만드는 데 일가견이 있는 매혹적인 움직임을 자랑한 크리스 워들이 8위에 선정됐다. 끊임없이 골과 어시스트를 기록하며 재능을 과시했다. 잉글랜드를 넘어 유럽 최고의 공격형 미드필더로 인정을 받은 워들은 매직 크리스라는 별명을 얻기도 했다. 1986 멕시코 월드컵에 출전한 뒤 1990 이탈리아 월드컵에 4강 진출에 성공했고, 유로 1988에도 이름을 올렸다.

BRYAN ROBSON
브라이언 롭슨 1980-1991 90경기 26골 2도움

'캡틴 마블'이라 불린 영웅. 맨체스터유나이티드에서 12년 동안 주장으로 팀을 이끈 전설 브라이언 롭슨이다. 그는 맨유 역사상 가장 오랜 기간 주장을 맡았다. 그만큼 리더십이 있었다. 잉글랜드 대표팀에서도 주장 역할을 수행했다. 축구장 안에서는 뛰어난 축구 지능으로 찬사를 받았다. 롭슨 최고의 활약은 1982 스페인 월드컵 프랑스전에서 2골을 넣어 팀을 3-1 승리로 이끈 것. 그중 선제골은 27초 만에 터져 당시 월드컵 역대 최단 시간 골로 기록됐다.

DAVID BECKHAM
데이비드 베컴 1996-2009 115경기 17골 42도움

화려한 외모, 정교한 오른발. 가장 완벽한 슈퍼스타의 모습을 갖춘 데이비드 베컴이다. 1990년대 잉글랜드에서 가장 상징적인 선수로 군림한 영웅. 맨체스터유나이티드의 전설이자 잉글랜드 대표팀의 전설로 활약했다. 베컴은 1998 프랑스 월드컵, 2002 한일 월드컵, 2006 독일 월드컵을 경험했고, 유로 2000에서도 활약했다. 42도움으로 역대 잉글랜드 대표팀 도움 순위 1위. 역시나 최고의 장면은 잉글랜드를 2002 한일 월드컵 본선으로 이끈 유럽 예선 그리스전 환상적인 오른발 프리킥 골.

HALF TIME

PAUL SCHOLES

폴 스콜스 1997-2004 66경기 14골 14도움

폴 스콜스는 위대한 알렉스 퍼거슨 감독이 가장 신뢰했던 미드필더. 맨체스터유나이티드 원 클럽 맨으로, 역사상 최고의 선수 중 하나로 끌히는 인물이다. 패스, 시야, 슈팅 등 완벽한 미드필더의 모습을 갖춘 선수로, 1998 프랑스 월드컵, 2002 한일 월드컵, 유로 2000, 유로 2004를 경험했다. 스콜스는 의외로 A매치 경기 수가 적은데, 이는 유로 2004가 끝난 후 소속팀 맨유와 가족에 집중하기 위해 대표팀은 젊은 나이에 대표팀에서 은퇴했기 때문이다. 이후 잉글랜드 대표팀 감독들은 그의 복귀를 간청했지만, 스콜스는 단호히 거부했다.

FRANK LAMPARD

프랭크 램파드 1999-2014 106경기 29골 12도움

첼시 역대 최다 득점자(211골)다. 미드필더지만 극강의 공격력을 가졌던 스타였다. 프랭크 램파드는 1999년 잉글랜드 대표팀에 처음 발탁됐지만 주전으로 자리를 잡지 못했다. 유로 2000과 2002 한일 월드컵에서는 엔트리에 들지 못했다. 대표팀 초반에는 잉글랜드 축구 팬들에게 엄청난 비난과 야유를 들어야 했다. 그러다 폴 스콜스가 대표팀에서 은퇴하자 램파드에게 주전 자리가 찾아왔고, 대표팀에서도 경쟁력을 발휘하기 시작했다. 2006 독일 월드컵, 2010 남아공 월드컵에서 활약했다. 유로 2004를 경험했고, 유로 2012에서는 부상으로 낙마했다.

PAUL GASCOIGNE

폴 개스코인 1988-1998 57경기 10골 9도움

악동이라 불렸지만, 천재적인 재능을 감출 수 없었던 미드필더 폴 개스코인이다. 뉴캐슬, 토트넘에서 전성기를 보냈고, 위대한 알렉스 퍼거슨 감독의 제의를 거부했던 몇 안 되는 잉글랜드 스타. 잉글랜드 역사상 가장 뛰어난 재능을 품고 있었다는 찬사를 받았던 선수였다. 특히 그의 놀라운 플레이메이킹 능력은 잉글랜드 중원의 상징으로 자리를 잡았다. 1990 이탈리아 월드컵, 유로 1996 등을 뛰었고, 특히 이탈리아 월드컵에서는 당대 세계 최고의 선수 디에고 마라도나와 견줄 수 있는 유일한 잉글랜드 선수라는 평가를 받았다.

STEVEN GERRARD

스티븐 제라드 2000-2014 114경기 21골 23도움

리버풀의 상징, 그리고 잉글랜드 골든 제너레이션의 중심이었던 스티븐 제라드다. 스콜스, 램파드, 제라드 중 누가 가장 위대한 미드필더인가. 이 논쟁에 대한 답을 하자면, 공격과 수비 모두 최고의 모습을 보였던 완벽한 선수는 제라드였다는 점이다. 다재다능함에 있어서는 경쟁자가 없었다. 제라드는 중앙 미드필더로 주로 뛰었지만, 공격형 미드필더, 홀딩 미드필더, 섀도 스트라이커, 윙어, 심지어 풀백까지 소화할 수 있었다. 공격과 수비가 다 되니 할 수 있었던 일. 이런 능력은 잉글랜드에 절실히 필요했다. 제라드는 유로 2000을 시작으로 2002 한일 월드컵, 유로 2004, 2006 독일 월드컵, 2010 남아공 월드컵, 2014 브라질 월드컵까지 무려 6번의 메이저대회를 경험했다.

BOBBY CHARLTON

바비 찰튼 1958-1970 106경기 49골 1도움

맨체스터유나이티드의 영웅, 잉글랜드 대표팀 역대 최고의 영웅이라는 수식어가 붙는 선수. 이름부터 위대한 바비 찰튼이다. 잉글랜드를 넘어 세계 축구 역사상 가장 위대한 미드필더 중 하나로 추앙을 받는 전설이다. 축구 종가 잉글랜드가 처음이자 마지막으로 우승한 월드컵. 1996 잉글랜드 월드컵 우승 주역이다. 골든볼 수상자다. 이 두 가지로 그는 잉글랜드 역대 최고의 미드필더에 오를 수 있다. 또 미드필더임에도 폭발적인 득점력을 가지고 있었고, 웨인 루니와 해리 케인이 등장하기 전까지 잉글랜드 대표팀 역대 득점 1위를 오랜 시간 품고 있었다. 그는 1962 칠레 월드컵, 1966 잉글랜드 월드컵, 1970 멕시코 월드컵에 출전했고, 유로 1968에 나섰다.

사우스게이트는 매디슨을 미워했을까

제임스 매디슨이 잉글랜드 대표팀에만 오면 작아지는 이유. 여러 가지가
있다. 먼저 매디슨이 시대를 잘못 만난 이유가 있다. 동시대에 너무나 좋은
잉글랜드 미드필더 자원들이 넘쳤다. 매디슨의 포지션 경쟁자들. 잉글랜드
역대 최고의 중원이라는 평가를 받고 있다. 매디슨처럼 공격형 미드필더와
윙어 모두 소화가 가능한 자원만 해도 주드 벨링엄, 필 포든, 부카요 사카, 콜
팔머, 에베레치 에제, 앤서니 고든, 제로드 보웬 등이 있다. 이들이 매디슨을
대신해 유로 2024에 출전한 선수들이다. 그리고 매디슨을 제대로 활용하지
못하는 가레스 사우스게이트 감독의 전술이 거들었다. 사우스게이트 감독은
매디슨을 대부분 왼쪽 윙어로 활용했다. 매디슨을 가장 잘 활용할 수 있는
10번의 자리를 내주지 않은 것이다. 매디슨은 대표팀 발탁 초기 "잉글랜드
대표팀에서도 내가 가장 잘하는 10번의 역할을 하고 싶다"고 간절한
목소리를 냈으나, 사우스게이트 감독은 귀를 닫았다. 매디슨이 처음으로
대표팀에서 선발로 출전한 우크라이나전. 이 경기에서도 매디슨은 왼쪽
윙어로 출전했다. 당시 사우스게이트 감독은 이렇게 자신했다.

> 나는 항상 매디슨을 항상 왼쪽 윙어로 스타트하게 할 거라고 생각했다.
> 매디슨은 클럽에서 정말 좋은 활약을 펼쳤기 때문에, 나는 매디슨이 적응할
> 거라는 데 의심의 여지가 없다. 경기에 들어가서 공간을 잘 찾았다. 매디슨은
> 왼쪽에서 잘 플레이를 할 수 있는 능력을 가지고 있다.

그리고 수비적으로 역할을 더 해낼 수 있는 수비형 미드필더를 2명 배치하는
것을 선호하는 전술 역시 매디슨과 맞지 않았다. 매디슨의 자리를 없애는
전술, 매디슨의 능력을 감소시키는 전략이었다. 사우스게이트 감독을 제외한
모든 사람들이 매디슨의 능력을, 매디슨을 어떤 자리에 놓아야 하는지를
알고 있는 것 같다.
포지션 경쟁자, 감독의 전술. 이를 넘어서는 가장 핵심적인 이유는, 바로
사우스게이트 감독 자체. 전술, 전략이 아니라 사우스게이트 감독의
존재다. 어떤 좋은 선수라도 감독의 취향과 맞지 않으면 끝이다. 경기에 나설
수 없다. 감독과 궁합이 그만큼 중요하다. 매디슨은 감독의 취향에 맞지 않은
선수였던 것이다. 비슷한 실력이면, 감독의 취향에 맞는, 감독의 성향에 맞는
선수가 선택되기 마련이다. 선수가 아무리 노력해도 취향은 바뀌지 않는다.
안타깝게도 매디슨이 대표팀에서 반전을 이룰 수 없었던 결정적 이유다.

과거 토트넘, 퀸즈파크레인저스 등을 지도한 경험이 있는
노장 해리 레드냅 감독은 사우스게이트 감독이 매디슨을
외면하는 이유를 이렇게 분석했다. 유로 2024 최종 엔트리
발표가 있기 얼마 전이다.

매디슨은 잉글랜드 대표팀에서 선발로 나서기 어려운
선수다. 매디슨이 유로 2024 최종 엔트리에 들지 못할
수도 있다. 매디슨이 부상을 당하기 전 수준으로 돌아가면
유로 2024에서 잉글랜드 대표팀에 큰 영향력을 끼칠
수 있는 유형의 선수다. 하지만 문제는 사우스게이트가
매디슨을 뽑지 않을 거라는 점이다. 나는 매디슨이
사우스게이트의 취향이 아니라고 본다. 사우스게이트의
취향이 아닌 매디슨은 유로 2024에 출전하지 못할 것이다.

마지막 이유. 규율과 규칙을 중시하는 사우스게이트 감독의
철학이다. 많은 이들이 사우스게이트 감독이 매디슨을
기용하지 않는 이유를 2019년 '카지노 게이트'와 연관이
있다는 판단을 하고 있다. 당시 A대표팀에 소집된 매디슨은
독감으로 인해 대표팀에서 나와야 했다. 그런데 매디슨이
카지노에 있는 모습이 포착된 것이다. 사우스게이트 감독이
용납할 수 없는 모습이었다. 이후 매디슨은 3년이 넘도록
대표팀에 발탁되지 않았다. 사우스게이트 감독은 카지노
게이트가 매디슨 외면의 이유가 아니라고 밝혔다.

아마도 매디슨에 대해 몇 가지 오해가 있는 것 같다.
내가 매디슨을 선택하지 않은 이유는 축구적인 이유다.
잉글랜드 대표팀에 있는 다른 선수들의 능력이 더 좋기
때문이라고 말하고 싶다. 사생활 때문이 아니다.

하지만 많은 전문가들이 인성, 태도, 규율을 중시하는
사우스게이트 감독의 철학이 매디슨에게 적지 않은
영향을 미쳤다고 바라보고 있다. 사우스게이트 감독의
애제자로 유명한 마커스 래시포드는 유로 2024 예비
엔트리에도 들지 못했다. 2023–24시즌 경기력 부진이
있었지만, 대표팀에 제외된 결정적 이유는 두 번이나
일으킨 나이트클럽 논란이었다. 래시포드는 맨체스터 더비
참패 후 나이트클럽에 가서 술을 마셨고, 또 아프다고
거짓말을 하면서 훈련에서 빠졌다. 그리고 간 곳이 또
나이트클럽이었다. 이런 래시포드에게 사우스게이트 감독은
철퇴를 날렸다.

매디슨에게도 비슷하게 적용됐을 가능성이 있다. 분명
카지노 게이트는 사우스게이트 감독의 심기를 건드리는
행동이었다. 카지노 게이트 당시 사우스게이트는
매디슨에게 경고성 메시지를 날린 적이 있었다.

나는 돈을 잃는 것을 좋아하지 않는다. 그렇기 때문에
나에게 카지노는 적합하지 않다. 축구 경기 말고 다른
종류의 스포트라이트가 있다. 이것을 인식해야 한다.
매디슨은 더 많은 주목을 받고 있고, 개인적인 사생활에
대한 관심도 높아졌다는 것을 배워야 한다. 잉글랜드
대표팀의 젊은 선수들은 그것을 잘 인식하지 못할 수

18명과 함께 파티를 벌이다 발각됐다. 매디슨은 당시 레스터시티 경기 명단에서 제외되기도 했다. 사우스게이트 감독은 또 한 번 매디슨에게 경고했다.

규칙이라는 것은 당신이 있을 수 있는 곳과 있을 수 없는 곳에 대해 매우 엄격하다.

어떤 이유에서 매디슨이 제외됐는지 확실하지 않지만, 분명 매디슨은 사우스게이트 감독의 시선에서 멀리 떨어진 선수였다. 사우스게이트 체제에서 A매치 7경기 출전 0골 1도움. 매디슨의 기록이다. 초라하다. 팀에서 얼마나 외면을 받았고, 상처를 받았는지 알 수 있는 기록이다. 사우스게이트 감독만 만나면 한없이 작아지는 매디슨이다. 잉글랜드 대표팀과 궁합이, 인연이 맞지 않는 것일까? 하지만 냉정하게 말하면 잉글랜드 대표팀과 맞지 않은 것이 아니라, 사우스게이트 감독과 맞지 않은 것이다. 2016년부터 잉글랜드 대표팀을 지휘한 사우스게이트 감독이다.

매디슨은 대표팀에서 자신을 믿어주는 감독과 한 번도 같이 해보지 못했다. 다른 선수들을 절대 신뢰하고, 마음을 절대 바꾸지 않는 감독 밑에서 눈치를 보며 살아야 했다. 아직 포기할 이유는 없다. 포기하기에는 너무 이르다. 매디슨은 이제 27세다.

앞으로 A매치, 월드컵, 유로까지 얼마든지 기회는 있다. 그리고 사우스게이트 감독은 이번 유로 2024를 끝으로 떠날 가능성이 크다. 사우스게이트 감독이 잉글랜드 대표팀을 떠난다면. 매디슨에게 절호의 기회가 찾아오는 것이다. 대표팀 감독의 변화로 반전을 이뤄낸 스타들은 많다. 매디슨도 그 차례를 기다리고 있다. 새로운 감독 체제에서 대표팀의 황태자가 되지 말라는 법은 없다. 사우스게이트 감독과의 이별, 그리고 새로운 감독. 매디슨이 포기하지 않고 대표팀이라는 꿈을 추구할 수 있는 이유다. 매디슨의 능력을 알고, 매디슨의 경쟁력을 신뢰하고, 매디슨의 기용을 즐기는, 그런 감독이 와줄 거라는 기대감을 놓지 않는다면. 이런 감독을 만나면 폭발하는 매디슨의 경험도 기대감을 더욱 높이고 있다. 2026 북중미 월드컵까지는 이제 1년 반 정도밖에 남지 않았다. 그때 매디슨은 선수로서 최전성기라 할 수 있는 29세다. 꿈은 이루어진다.

있다. 국가대표팀과 클럽은 완전히 다르다는 것을 알아야 한다. 선수가 개인 시간을 어떻게 보낼지는 그 선수에게 달려 있다. 팀이 강해지려면 선수들의 올바른 사고방식이 필요하다. 특히 어린 선수들은 항상 감시를 받고 있다는 점을 인식해야 한다. 나는 대표팀 모든 선수에 대해 거의 모든 것을 알고 있다. 나는 그들의 클럽 감독과 항상 이야기를 나눈다.

2021년 4월 매디슨이 코로나 19 방역 수칙을 위반했을 때도 사우스게이트 감독은 다시 한번 규율의 중요성을 강조했다. 매디슨은 레스터시티 선수 3명이 포함된 총

잉글랜드 대표팀은 유로 2024 우승후보 1순위로 꼽혔다. 제임스 매디슨은 빠졌지만, 어떻게 보면 매디슨이 빠져야 했던 이유, 역대 최강의 멤버를 꾸렸다는 평가를 받았다. 특히 미드필더, 윙어에 현존하는 세계 정상급 선수들로 포진했다. 주드 벨링엄, 필 포든, 부카요 사카, 콜 팔머 등 소속팀에서 맹활약을 펼친 선수들이 잉글랜드 대표팀 유니폼을 입었다.

하지만 뚜껑을 열어보니 실망감이 더욱 컸다. 대회 초반 무기력으로 일관했다. 최전방 공격수 해리 케인은 세계 최고의 공격수 모습을 보이지 못했다. 세계 최강이라 자부하던 중원도 마찬가지였다. 전문가들은 중원에서의 창의성 부족이 만든 현상이라고 지적했다. 최전방 공격수 케인이 최전방보다 중원에서 더 많은 시간을 보냈고, 볼터치의 대부분도 중원에서 이뤄졌다. 그만큼 중원이 막혔다는 것의 의미한다.

C조 1차전 세르비아전에서 1-0 승리. 케인이 최전방에 나섰고, 포든-벨링엄-사카가 2선을 꾸렸다. 그 밑에 2명의 중앙 미드필더, 데클란 라이스와 트렌트 알렉산더 아놀드가 포진했다. 전반 13분 벨링엄의 1골로 이겼다. 사실상 벨링엄의 활약은 이것이 전부였다. 조별리그에서 팀 승리를 이긴 벨링엄의 영향력을 보여준 유일한 경기였다.

2차전 덴마크전에서는 1-1로 비겼다. 1차전과 포메이션은 같았다. 전반 18분 케인의 선제골, 그리고 전반 34분 덴마크 모르텐 히울만의 동점골이 터졌다. 케인은 1골을 넣었지만, 더욱 많은 비판을 받아야 했다. 앞서 언급했듯, 최전방 공격수가 미드필더와 같은 플레이를 했기 때문이다. 덴마크전이 끝난 후 케인은 가레스 사우스게이트 감독 저격 발언을 해 논란을 가중시키기도 했다. 감독의 전술에 대한 비판이었다. 감독의 주문을 이해하지 못한다는 비판이었다.

덴마크전은 충분히 좋지 않았다. 우리는 경기를 잘 시작했다. 하지만 감독은 팀의 몇몇 선수를 더 깊이 내렸다. 그렇게 하면 내가 어떻게 압박을 가해야 할지 모르겠다. 또 누가 앞으로 나가야 할지도 모르겠다.

그리고 터진 또 하나의 논란. PL 대표 풀백 자원인 알렉산더 아놀드를 중앙 미드필더로 활용하는 것에 대한 엄청난 비난이 터졌다. 이 역시 사우스게이트 감독의 전술 비난으로 이어졌다. 맨체스터유나이티드의 전설 로이 킨은 이 논란에 이렇게 일갈했다.

ROY KEANE

결국 사우스게이트 감독은 꼬리를 내렸다. 3차전 슬로베니아전에서 알렉산더 아놀드를 빼고 코너 갤러거를 라이스의 파트너로 지정했다. 그래도 무기력함은 변하지 않았다. 한 수 아래 슬로베니아와 0-0 무승부로 마쳤다. 잉글랜드는 1승 2무, 조 1위를 차지하기는 했지만

> **사우스게이트의 알렉산더 아놀드 도박은 실패했다. 그는 2경기 모두 교체 아웃됐다. 좋은 징조가 아니다. 나는 항상 알렉산더 아놀드 미드필더 기용은 도박이라고 생각했다. 그는 리버풀에서 그 포지션에서 뛰지 않은 선수다. 사람들은 알렉산더 아놀드가 풀백에서 미드필더로 흘러간다고 말하지만, 흘러가는 것과 그 포지션에서 시작하는 것은 다르다. 알렉산더 아놀드는 2경기에서 부족했다. 모든 것이 그에게 달려 있는 것은 아니다. 사우스게이트가 해결해야 한다. 풀백을 중앙에 던지는 것은 큰 도박이다. 이것을 프랑스나 스페인을 상대로는 하지 못할 것이다. 잉글랜드가 편안할 것으로 생각했던 두 팀을 상대로도 이런 모습을 보였다. 그들은 앞으로 더 힘든 시험을 치러야 한다. 알렉산더 아놀드에게 무리한 요구였고, 그는 그것을 감당하지 못했다.**

3경기에서 2득점 1실점을 기록하며 가까스로 16강에 진출했다.

슬로베니아전 무승부로 비난은 폭발했다. 그 비난의 화살은 사우스게이트 감독에게 집중됐다. 그리고 중원에 집중됐다. 핵심은 벨링엄을 향한 사우스게이트 감독의 맹신. 다른 자원을 실험해 볼 생각조차 하지 않고 벨링엄에게 절대 신뢰를 보냈다는 것이다. 분명 조별리그에서 벨링엄은 부진했다. 특히 슬로베니아전에서 슈팅 0개, 전진 패스 성공률 12%를 기록했고, 16회나 상대에게 공을 뺏겼다. 충격적인 기록이다. 그렇지만 레알마드리드 후광 효과에 빠져 냉정함을 잃었다. '벨링엄 신드롬'이 잉글랜드를 망치게 만든 것이다.

왼쪽 윙어로 고정됐던 포든. PL 올해의 선수, 맨체스터시티의 리그 4연패를 이끈 그가 가장 잘하는 포지션이 공격형 미드필더 10번의 역할이다. 하지만 벨링엄으로 인해 그 자리는 그 누구에게도 허락되지 않았다. 부진했지만, 벨링엄을 교체할 과감한 용기가 사우스게이트 감독에게는 없었던 것이다. 교체 자원이었던 팔머가 더욱 인상적이었다는 것을 의도적으로 모른 척한 것이나 다름없었다.

이런 비판에 벨링엄이 자극을 받은 것일까? 16강 슬로바키아전에서 벨링엄이 해냈다. 잉글랜드는 전반 25분 슈란츠에게 1골을 내주며 끌려갔다. 90분 정규 시간은 끝났다. 이변의 희생양이 거의 확정적이었다. 그때 벨링엄이 나섰다. 후반 추가시간 환상적인 시저스킥으로 동점골을 뽑아냈다. 극적으로 연장전으로 끌고 갔고, 케인이 연장 전반 1분 결승골을 터뜨렸다. 2-1 승리. 8강 진출. 하지만 약체 슬로바키아를 상대로 이토록 고전하니, 잉글랜드에 대한 비판은 멈추지 않았다. 벨링엄의 환상골도 평가절하됐다. 굴욕적인 건 영국의 BBC가 매긴 선수 평점이었다. 일반적으로 최고 평점은 승리 팀에서 나온다. 승리 팀 선수들의 평점이 더 높게 나온다. 하지만 이 경기는 달랐다. 슬로바키아 선수들 평점이 잉글랜드 선수들보나 훨씬 높았다. 최고 평점 역시 슬로바키아 선수였다. 선제골 주인공 슈란츠가 6.8점으로 경기 최우수 선수에 선정됐다. 잉글랜드에서 가장 높은 평점을 받은 선수도 벨링엄이 아니었다. 케인도 아니었다. 선발이 아닌 교체 자원이었다. 이반 토니가 6.14점으로 잉글랜드 선수 중 1위를 차지했다. 2위도 교체 자원이었던 팔머의 5.97점이었다. 벨링엄 5.63점, 케인은 4.36점에 그쳤다. 슬로바키아 선수들은

대부분 6점대 평점을 받았다.

무기력함은 스위스와 8강전에서도 이어졌다. 더 이상 비난에 버틸 수 없었던 사우스게이트 감독은 큰 변화를 시도했다. 포백에서 스리백으로 전환한 것이다. 벨링엄-케인-포든 스리톱 뒤에 키어런 트리피어-코비 마이누-라이스-사카를 배치했다. 사카를 윙백으로 내린 것이다. 그리고 카일 워커-존 스톤스-에즈리 콘사 스리백을 구성했다.

파격적 변화에도 무기력함은 이어졌다. 후반 30분 스위스 브릴 엠볼로에게 선제골을 내줬고, 후반 35분 사카가 동점골을 넣었다. 1-1 무승부. 연장전에서도 승부를 가리지 못한 두 팀은 승부차기에 돌입했다. 잉글랜드가 5-3으로 승리하며 4강 진출에 성공했다. 이번에도 가까스로 다음 라운드로 갈 수 있었다.

이어진 4강 네덜란드전. 지금까지 이 대회에서 잉글랜드가 만났던 가장 강한 팀이었다. 이 경기가 유로 2024에서 잉글랜드의 경기력이 그나마 가장 좋았던 경기였다. 다시 스리백을 가동한 잉글랜드. 전반 7분 네덜란드 사비 시몬스에게 선제골을 얻어맞았다. 선제골을 내주는 흐름은 이번에도 이어졌다. 전반 18분 케인이 동점골을 넣었고, 후반 추가 시간 교체 자원이었던 올리 왓킨스가 극장골을 터뜨렸다. 도움 역시 교체 자원이었던 팔머. 사우스게이트 감독의 용병술이 통했다. 이 경기가 대회에서 사우스게이트 감독이 유일하게 칭찬받았던 경기였다. 적절한 선수 교체로 인해 처음이자 마지막 긍정적 목소리를 들었다. 그동안 비판해 미안하다며, 사우스게이트 감독에게 사과하는 팬들도 등장했다. 잉글랜드는 결승에 진출했다.

마지막 결승 스페인전. 사우스게이트 감독에 대한 칭찬은 4강 네덜란드전 한 경기에서 멈췄다. 사우스게이트 감독은 또 실패했다. 잉글랜드는 또 실패했다. 스리백으로 다시 나섰지만, 토너먼트 경기에서 선제골을 내주는 공식은 이번에도 적용됐다. 후반 2분 스페인 니코 윌리엄스에게 선제골을 내줬다. 후반 28분 팔머의 동점골이 터지며 포효했다. 하지만 기쁨은 거기까지. 후반 41분 스페인 미켈 오야르사발에 결승골을 내줬다. 1-2 패배. 잉글랜드는 이번에도 우승하지 못했다.

이렇게 매디슨이 없는 잉글랜드 대표팀의 유로 2024는 패배로 끝났다. 잉글랜드는 유로 역사상 처음으로 2개 대회 연속 결승에 진출해, 2회 연속 우승을 하지 못한 팀으로 역사에 남게 되었다. 오명이다. 두 대회 연속 결승 진출은

분명 큰 성과라고 볼 수 있지만, 두 파이널의 결과가 모두
패배라면 이야기는 다를 수밖에 없다.

그리고 2016년 잉글랜드 대표팀 감독 지휘봉을 잡아 8년
동안 매디슨을 외면했던 사우스게이트 감독의 잉글랜드
잉글랜드 감독 생활도 끝났다. 이별이 확정됐다. 유로
2016 16강에서 최약체 아이슬란드에 1-2로 패배하며
충격을 받은 잉글랜드는 사우스게이트 감독의 손을 잡았다.
하지만 영광은 없었다. 2018 러시아 월드컵 4강 탈락, 유로
2020 준우승, 2022 카타르 월드컵 8강 탈락, 유로 2024
준우승까지. 매디슨을 버렸던 모든 대회에서 실패했다.
잉글랜드가 사우스게이트 감독의 손을 잡은 이유는 단
하나, 우승이다. 우승이 아니면 의미가 없다. 잉글랜드는
우승을 하지 못하면 욕을 먹는 팀이다. 메이저대회 우승의
한을 가지고 있는 축구 종가. 1966년 자국에서 열린
잉글랜드 월드컵에서 우승을 한 것이 처음이자 마지막
메이저대회 우승이다. 특히 유로 2개 대회 연속 준우승은
사우스게이트 감독의 한계를 보여줬다. 더 이상 함께 갈 수
없게 됐다. 준우승 2번으로 그를 다시 받아줄 축구 종가가
아니다.

지난 유로 2024에서 가장 큰 문제점으로 지적됐던
중원에서의 창의력 부족. 사우스게이트 감독이 마지막
대회에서 잉글랜드에서 가장 창의적인 미드필더라 불리는
매디슨에게 마지막 기회를 한 번 주었으면 어땠을까?
매디슨이 있었다면 결과는 달라졌을까? 알 수 없다.
달라지지 않았을 수도 있다. 아무도 모르는 일이다.
그렇지만 확실한 것이 하나 있다. 사우스게이트의 시대가
끝났다는 것. 잉글랜드는 새로운 감독 토마스 투헬과 새
시대를 기다리고 있다. 시대가 요구하는 변화다.

이는 매디슨에게도 새로운 시대가 다가오고 있음을
말해주고 있다. 잉글랜드 대표팀에서 제임스 매디슨이
중심으로 들어갈 수 있는 길이 열린 것이다. 판은 깔렸다.
이 기회를 잡을 수 있는 건, 이제 전적으로 매디슨에 남겨진
몫이다. 3부리그에서 2부리그로, 2부리그에서 1부리그로,
1부리그 빅클럽으로 하나씩 계단을 밟아왔던 그다. 당연히
다음 계단은 국가대표팀에서 활약하는 것, 그리고 월드컵에
나서는 것이다.

매디슨은 그동안 프리미어리그에서 자신의 기량을 보여주었기에 의심의 여지가 없다.
우리 클럽에 많은 것을 가져다 줄 수 있는 선수이며,
그와 함께 플레이하는 것은 기쁜 일이다.
손흥민

토트넘은 미드필드에서 공수 양면의 문제들을 풀어줄 수 있는 매디슨을 영입했다.
팀에 부족했던 기술적인 창의성을 이식하는 데 성공했다.
아르센 벵거

매디슨은 지난 몇 년 토트넘에 크게 부족했던 두 가지를 충족시킬 것이다.
델리 알리의 스웩과 크리스티안 에릭센의 창의력이 그것이다.
찰리 에클리셰어

언젠가는 대표팀에서든 클럽에서든 꼭 함께 뛰어보고 싶은 선수다.
제임스 위드프라우스

내가 정말 좋아하는 선수다.
나도 볼을 소유하고 중앙에서 플레이하는 걸 좋아했다.
이것이 내가 매디슨을 좋아하는 이유다.
그가 토트넘에 가져온 영향력은 이전과는 뭔가 다르다.
에마뉘엘 아데바요르

정말 엄청난(Fxxking) 선수다.
쥬드 벨링엄

매디슨은 언제나 공을 원하는 선수다.
드리블도 좋고, 어시스트도 할 수 있으며,
직접 골도 넣을 수 있다.
내 생각에 그는 완벽한 선수다.
세스크 파브레가스

결코 그의 능력을 의심한 적 없다.
엔제 포스테코글루

PRAISES FOR

EPILOGUE

미국 중서부 사우스다코타주, 러시모어 마운틴 국립
기념지에는 그 유명한 미국의 '큰바위 얼굴'이 있다. 1927년
조각을 시작해 14년이 걸린, 미국을 상징하는 작품. 미국이
가장 사랑하고 존경하는 대통령 4인의 얼굴이 새겨져 있다.
건국의 아버지 조지 워싱턴(1대), 영토 확장의 아버지 토머스
제퍼슨(3대), 보존의 아버지 시어도어 루스벨트(26대), 평화의
아버지 에이브러햄 링컨(16대)까지, 위대한 대통령들이
차례로 웅장한 모습을 자랑한다.

그런데 이들 4명만큼이나 미국 건국과 발전에 크게
이바지했고, 미국인들의 존경을 받는 한 명의 대통령이
큰바위 얼굴에 포함되지 않았다. 다른 1명을 빼고 이
대통령이 들어가기에는 무리가 있겠지만, 그를 포함해 총
5명의 큰바위 얼굴로 만들었어도 무리는 없었을 것이다.
어떻게 보면 이들만큼 위대한 평가를 받지 못한 불운의
대통령, 미국 4대 대통령 제임스 매디슨이다.

1809년부터 1817년까지, 미국의 대통령 매디슨은 미국
건국과 발전에 핵심적인 역할을 했다. 그는 미국 '헌법의
아버지'로 불린다. 미국의 헌법 초안을 비준하는 데 중추적인
인물이었고, 헌법에 권리장전을 포함하는 데 중요한 역할을
했다. 이것은 미국 역사상 가장 중요한 문서로 남아있다.
미국 민주주의의 수호자로 많은 존경을 받는 대통령이다.
미영전쟁을 승리로 이끈 전쟁 영웅이기도 했다. 이 전쟁의
승리로 미국은 강대국으로 발돋움할 수 있는 기반을 마련할
수 있었다.

일부 학자들은 매디슨 대통령이 위대한 업적을 세웠음에도
큰바위 얼굴 대통령 4인보다 명성이 부족한 이유로 그의
조용한 성격을 들기도 했다. 온화하고, 지나치게 조용했다고
한다. 답답할 정도로. 목소리가 여리기까지 했다. 이런 성격은
대중 정치인에게는 어울리지 않는다. 대중 앞에서 호소하고,
소리치고, 카리스마를 뽐내야 인기를 얻는 법, 명성을 얻는
법이다. 매디슨 대통령은 그것을 하지 못했다. 대중에
어필하지 못했다. 그래서 큰 인기를 얻지 못했다. 그렇지만
그는 인기에 연연하지 않았다. 매디슨 대통령은 그저 묵묵히
자신의 재능을, 조국을 위해, 조국의 발전을 위해, 조국의
미래를 위해 다 썼다.

매디슨 대통령의 이야기를 꺼낸 이유. 맞다. 이 책의
주인공 제임스 매디슨과 동명이인이다. 한국식 표기법으로
동명이인이지, 사실 영어 철자로는 조금 다르다. 이름은
같다. 성이 아주 조금 다르다. 매디슨 대통령은 James
Madison, 축구 선수 매디슨은 James Maddison이다.
'd' 하나 차이. 처음 축구 선수 매디슨의 인생과 커리어를
집필하기 시작했을 때, 가장 먼저 매디슨 대통령이 떠올랐다.

아직은 선택 받지 못한 남자 제임스 매디슨, 훗날 영국 축구는 그를 어떻게 평가할까

이름이 같았다. 혹은 거의 같았다. 그리고 축구 선수 매디슨을 조사하고, 분석하고, 더 알아갈수록 대통령 매디슨의 삶과 비슷함을 느꼈다. 물론 성격은 극과 극이지만. 매디슨은 조용하지 않다. 온화하지도 않다. 시끄럽고, 악동 기질이 있다. 하지만 매디슨 대통령이 국가를 위해 모든 것을 다 바친 건, 축구를 위해 모든 것을 다 바친 매디슨과 다를 게 없었다.

두 사람의 인생에서 가장 비슷한 부분은 바로 큰바위 얼굴에 들지 못한 것이다. 매디슨 대통령은 미국 역사에서 가장 중요한 인물 중에 하나임에 틀림없다. 위대한 업적도 남겼다. 그 유산은 지금의 미국에도 엄청난 영향을 미치고 있다. 그럼에도 역대 최고로 인정을 받지 못했다. 큰바위 얼굴의 4인의 거대한 그림자에 가려졌다. 축구 선수 매디슨이 그렇다. 잉글랜드에서 최고의 재능을 가진 선수 중 하나라는 것은 틀림없다. 3부리그, 2부리그, 1부리그에서 뚜렷한 업적도 남겼다. 그럼에도 현재 축구계는 매디슨을 잉글랜드 최고의 선수로 평가하지 않는다. 우수한 건 인정하나, 최고라는 평가를 하기에는 조금 모자랐던 미국의 지도자처럼. 매디슨 대통령은 가치를 제대로 인정받지 못했다. 축구 선수 매디슨도 가치를 제대로 인정을 받지 못했다. 특히 축구 선수 매디슨은 잉글랜드 대표팀에서 심했다. 조국에게 가장 큰 상처를 받았다. 외면받았고, 무시당했으며, 조롱까지 덮쳤다.

하지만 이 두 명의 매디슨에 대한 평가는 아직 끝나지 않았다. 평가가 완료되지 않았다는 것이다. 매디슨 대통령의 가치는 시간이 갈수록 더욱 높아질 수밖에 없다. 헌법과 민주주의의 틀을 마련한 매디슨 대통령의 업적은 민주주의가 사라지지 않는 한 영원히 재해석되고, 재평가될 것이고, 그럴수록 가치가 상승할 것이다. 훗날 미국 국민이 큰바위 얼굴에 매디슨 대통령의 얼굴을 추가할 가능성도 없지 않다. 더욱 먼 미래 역사의 평가는 매디슨 대통령을 역대 대통령 중 가장 앞에 위치시킬 수도 있다.

축구 선수 매디슨도 마찬가지다. 매디슨에 대한 평가는 아직 절반도 채 오지 않았다. 그는 아직 젊다. 새로운 역사를 쓸 엄청난 시간과 기회가 남아있다. 잉글랜드 대표팀에서 비상할 수 있는 기회 역시 반드시 올 것이다. 모두가 최고라고 인정하는, 잉글랜드 대표팀에서 꼭 와달라고 간청하는 그런 시대가 도래할 수 있다. 다음 월드컵이 남아 있고, 새로운 유로도 남아 있다. 네이션스리그도 있다. 해보지 못한 PL 우승, 해보지 못한 유럽대항전 우승도 남아있다. 먼 훗날 축구 역사는 매디슨을 어떻게 평가할 것인가? 지금은 모른다. 아무도 모른다. 매디슨이 하기에 달렸다. 역사는 스스로 바꾸는 것이다.

매디슨 대통령이 존경을 받는 또 하나의 이유가 있다. 정치가들이 잘 하지 못하는 것, 바로 '중도'다. 현실과 이상을 놓고 고민에 빠졌을 때, 많은 정치가들은 한쪽으로 기우는 모습을 보였다. 인기에 연연하기 때문이다. 매디슨 대통령은 달랐다. 언제나 중심을 잃지 않았다. 중도적 입장을 취하면서 극단론자와 싸웠고, 현실과 이상의 가운데 서서, 가장 효율적인 해답을 찾았다는 평가를 받는 지도자였다. 이런 중심이 미국을 성장하게 만들었다.

매디슨과 닮았다. 매디슨은 현실에 만족하지 않았지만 무조건 이상만을 좇지도 않았다. 자신이 가장 효율적으로 성장할 수 있는 해답을 찾았다. 3부리그, 2부리그, 1부리그까지 차근차근 진행된 성장 과정이 그렇다. 이상만 좇았다면 3부리그에서 바로 1부리그로 갈 수도 있었다. 원하는 팀도 많았다. 또 1부리그에서도 맨체스터시티, 리버풀, 아스널 등 최강의 클럽에도 갈 수 있었다. 그들이 원했다. 하지만 결정의 순간마다 매디슨은 극단이 아닌 중도를 선택했다. 자신이 꾸준히 경기에 뛸 수 있는가 하는 것이 바로 그 중도였다. 그 선택은 옳았다. 매디슨의 방향성이 맞았다. 오직 이상만을 좇아 빅클럽으로 직행했다면, 지금의 매디슨은 없었을 것이다. 중도의 길이 매디슨을 성장시켰음이 틀림없다.

이제 매디슨은 다시 한 단계 성장할 단계에 왔다. 1부리그 빅6 입성 다음 단계는 리그 우승 트로피. 그리고 잉글랜드 대표팀에서의 성과다. 앞으로의 모습이 더 기대된다. 시련을 겪은 후 사람은 강해진다. 좌절은 사람을 성숙하게 만든다. 매디슨은 시련과 좌절에 포기할 사람이 아니다. 이를 밟고 올라서는 선수다. 지금까지 언제나 그랬다. 위기를 만난 다음 더욱 발전한 매디슨으로 재탄생했다. 그때마다 매디슨은 분명 초심을 기억했을 것이다. 초심을 되새겼을 것이다. 이번에도 초심을 떠올리며 다시 전진할 것이다. 매디슨이 왜 축구를 시작했고, 왜 축구를 계속하고 있고, 왜 앞으로도 계속해야 하는지. 매디슨의 초심은 매디슨의 가장 큰 힘이다.

모든 사람은 다르다. 나만의 방식이 있다. 나는 축구를 좋아하기 때문에 축구를 한다. 누구를 위해서 축구를 하지 않는다. 축구를 일로 생각하지 않는다. 내가 어렸을때부터 축구를 한 이유는 단지 내가 축구를 좋아했기 때문이다. 이 마음은 변하지 않았다. 절대 변하지 않는다. 집 뒷마당에서 축구공 하나를 가지고 뛰어놀던 어린 시절처럼, 지금도 나는 그렇게 살고 있다. 지금도 나는 프리미어리그에서 그렇게 살고 있다.

James Maddison

1ST PUBLISHED DATE 2025. 2. 14

AUTHOR Sunsoo Editors, Choi Yongjae
PUBLISHER Hong Jungwoo
PUBLISHING Brainstore

EDITOR Kim Daniel, Hong Jumi, Lee Eunsu, Park Hyerim
DESIGNER Champloo, Lee Yeseul
MARKETER Bang Kyunghee
E-MAIL brainstore@publishing.by-works.com
BLOG https://blog.naver.com/brain_store
INSTAGRAM https://instagram.com/brainstore_publishing
PHOTO Getty Images

ISBN 979-11-6978-047-6(03690)

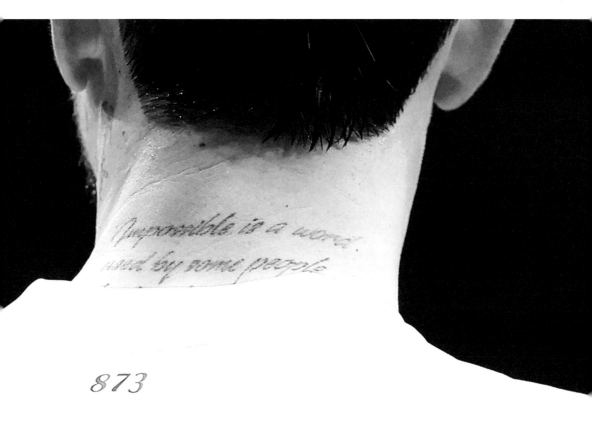

873

JAMES MADDISON